高速铁路牵引供电技术丛书
高等职业教育校企合作系列教材

高速铁路接触网检测技术

主编 尚 晶 李明军

西南交通大学出版社
·成 都·

图书在版编目（CIP）数据

高速铁路接触网检测技术 / 尚晶，李明军主编. — 成都：西南交通大学出版社，2021.1（2023.7 重印）
ISBN 978-7-5643-7822-6

Ⅰ.①高… Ⅱ.①尚…②李… Ⅲ.①高速铁路 – 接触网 – 检测 – 高等职业教育 – 教材 Ⅳ.①U238

中国版本图书馆 CIP 数据核字（2020）第 211643 号

Gaosu Lielu Jiechuwang Jiance Jishu
高速铁路接触网检测技术

主编　尚　晶　李明军

责任编辑	黄淑文
封面设计	原谋书装

出版发行	西南交通大学出版社 （四川省成都市金牛区二环路北一段 111 号 西南交通大学创新大厦 21 楼）
邮政编码	610031
发行部电话	028-87600564　028-87600533
网址	http://www.xnjdcbs.com
印刷	四川森林印务有限责任公司

成品尺寸	185 mm × 260 mm
印张	7
字数	173 千
版次	2021 年 1 月第 1 版
印次	2023 年 7 月第 2 次
定价	32.00 元
书号	ISBN 978-7-5643-7822-6

课件咨询电话：028-81435775
图书如有印装质量问题　本社负责退换
版权所有　盗版必究　举报电话：028-87600562

前 言

高职高专教材的建设是整个高职高专教学工作的重点，为了更加贴近实际铁路现场技术需求，西安铁路职业技术学院和中国铁路西安局集团有限公司供电部共同努力，组织了由"校内教师+现场专家"的编写队伍，并在西南交通大学出版社的配合下编写推出一套"高速铁路牵引供电技术丛书"，其中包括本书《高速铁路接触网检测技术》。

随着高铁技术的迅猛发展，高铁供电技术也在不断地更新换代，接触网监测检测技术就是在这样的背景下发展起来的。本书是按照铁道供电专业教学大纲编写的铁路高等职业教育教材。全书强调故障判断、隐患排除等专业能力培养，并对部分检测基本知识进行讲述。

本书共五章，第一章主要阐述了接触网检测定义、国内外接触网检测技术发展情况和检测技术发展的重要性；第二章叙述了接触网检测的各种基本原理及参数检测数据分析与评价；第三章讲述了检测技术的现场设备管理单位和相关管理制度；第四章讲述了弓网综合检测装置、接触网安全巡检装置、车载接触网运行状态监测装置、受电弓滑板监测装置和接触网及供电设备地面监测装置；第五章主要结合大量的实际案例讲述检测数据分析方法。

本书由西安铁路职业技术学院尚晶和中国铁路西安局集团有限公司供电部李明军共同担任主编，并由尚晶负责统稿工作。本书编写分工如下：尚晶编写第一章；李明军编写第二章第一、二节，第四章第一、二、三、六、七节；朱申编写第二章第三、四节；刘晓峰编写第三章第一节，第四章第四节，第五章第一、二节；罗明辉编写第三章第二节、第四章第五节；于昆勇编写第五章第三节；陈浩编写第五章第四节；王洪亮编写第五章第五节；李少华编写第五章第六节；韩晓峰编写第二章第五节；姚伦哲编写第二章第六节。编写过程中，得到了西南交通大学曾明教授及成都弓网科技有限公司等检测监测装置研发厂家相关人员的协助与指导，在此表示衷心的感谢。

由于检测技术在接触网检修工作的实际运用中还在不断地探索及研究，书中难免存在不完善之处，望广大读者特别是从事该职业的一线技术人员提出宝贵意见和建议。

编 者
2020 年 11 月

目 录

第一章 接触网检测概述 ·· 1
　　第一节 接触网检测定义 ·· 1
　　第二节 国外主要国家接触网检测技术发展史 ·· 2
　　第三节 我国接触网检测技术的发展状况 ·· 3
　　第四节 检测技术对于接触网维修的重要性 ··· 4

第二章 接触网检测技术的基本原理 ·· 6
　　第一节 弓网关系基本原理 ··· 6
　　第二节 接触网检测的分类 ··· 11
　　第三节 接触网检测项目 ·· 14
　　第四节 接触网动态检测的原理 ··· 18
　　第五节 影响接触网检测的关键因素 ··· 24
　　第六节 接触网参数检测数据分析与评价 ··· 26

第三章 接触网检测在设备管理单位的运用及管理 ·· 31
　　第一节 供电安全检测监测系统综合数据处理中心简介 ······························· 31
　　第二节 检测机构的设置及管理运用 ··· 33

第四章 6C系统技术要求及运用 ·· 35
　　第一节 6C系统简介 ·· 35
　　第二节 弓网综合检测装置（1C） ··· 39
　　第三节 接触网安全巡检装置（2C） ·· 52
　　第四节 车载接触网运行状态检测装置（3C） ·· 60
　　第五节 接触网悬挂状态检测监测装置（4C） ·· 67
　　第六节 受电弓滑板监测装置（5C） ·· 78
　　第七节 接触网及供电设备地面监测装置（6C） ······································· 83

第五章 检测数据分析 ·· 87
　　第一节 1C装置数据分析 ·· 87
　　第二节 2C装置影像分析及练习 ··· 90

第三节　3C 装置影像分析及练习 …………………………………………… 92
第四节　4C 装置影像分析及练习 …………………………………………… 96
第五节　5C 装置影像分析及练习 …………………………………………… 99
第六节　6C 装置影像分析及练习 …………………………………………… 103

参考文献 ………………………………………………………………………… 105

第一章　接触网检测概述

第一节　接触网检测定义

采用电力机车为主要牵引动力的铁路称为电气化铁路。电气化铁路从 1879 年至今已有 140 多年的发展历史。低能耗、高效率、高速度的电力牵引已成为世界各国的发展趋势，高速铁路的建设是铁路现代化的标志。

接触网是电气化轨道交通所特有的、沿路轨架设的、为电力机车或电动车组提供电能的特殊供电线路，是电气化轨道交通牵引供电系统的重要组成部分。接触网担负着把从牵引变电所获得的电能直接输送给电力机车使用和为受电弓提供滑行通道的重要任务，因此接触网的质量和工作状态将直接影响电气化铁道的运输能力。

接触网具有室外、裸露、架空、无备用等特性，要想达到向电力机车安全不间断供电的目的，就必须满足以下几个方面技术条件：

（1）符合安全运行要求的几何参数，如拉出值、接触线高度及各种限界。

（2）具有与运输能力相匹配的供电能力，电气参数符合要求，如网压、主导电回路载流能力等。

（3）在高速运行速度下要求接触线与受电弓在运行中良好接触，不发生变形和损坏，如弓网振动小、相互冲击小、接触压力不得过大或过小、离线次数和时间少、接触线和受电弓滑板磨耗小等。

（4）接触网设备要有互换性，应具有足够的耐磨性和抗腐蚀能力并尽量延长设备的使用年限。

（5）要求接触网对地绝缘好，安全可靠。

（6）设备结构尽量简单，便于施工，有利于运营及维修。在事故情况下，便于抢修和迅速恢复送电。

截止到 2018 年年底，我国铁路营业里程约 13.1 万千米，全国铁路的电气化率为 67%，其中高速电气化铁路里程 2.9 万千米。接触网运营里程长、车流密度大、车速不断提高，接触网维修能充分利用的天窗点少且时间短，因此随时掌握接触网的运行状态以及有关参数，及时对接触网设备进行维修，确保接触网设备技术参数和运行状态符合安全运行的要求，对安全运输有着至关重要的作用。接触网检测就为这种要求提供了可靠的保证，列车高速运行中，检测接触网自身结构及受流系统的各项机械和电气参数，是借以评价接触悬挂和受电弓的性能以及接触网工程和运营质量的重要手段。

接触网检测技术是指借助专门的仪器、设备或人工方式，采用非接触式或接触式的方式，在静态或动态情况下，对接触网的几何参数、电气参数及弓网关系进行检查测量及影像采集，并根据对检测数据及相关影像的综合分析,对接触网当前运行状态和弓网关系作出恰当判断,为接触网设备的日常维修和周期维修提供科学依据的过程。

早期的接触网设备检修是"定期检测、周期检修",就是对接触网设备进行定期步行巡视和车梯巡检,定期利用测量仪器和工具在静止状态下对接触网技术参数进行静态测量,再根据步行巡视、车梯巡检和静态测量结果制订检修计划,对设备进行检修。随着铁路跨越式发展,这种检修体制的缺点和不足逐渐显现:一是既耗费了大量的人力物力和时间,又容易疏忽安全隐患问题;无论是步行巡视还是车梯巡视都需要专门安排工作人员在沿线路作业,这一方面费时费力,另一方面查找问题的多少又与工作人员的技术水平和责任心相关。二是参数的测量在静态下进行,与动态下接触网设备运行状态和参数出入较大;受到列车运营的影响,接触网设备在与受电弓接触时,其弹性、空间位置、接触压力和电气参数均发生改变,如果用静态参数去做动态参考则容易发生故障。三是巡视、测量仅对接触网设备进行,无法掌握动态的弓网关系。动态的弓网关系包括弓网振动大小、相互冲击力、摩擦损耗以及离线次数和时间四个方面,这些都是巡视和测量无法得到而对实际运营又有巨大影响的参数。

接触网动态检测就是以接触网检测车(客车车辆或电力机车)为载体(见图1-1),利用安装在检测车上的检测设备,在列车运行中对接触网设备的几何参数、电气参数及弓网关系进行测量和评判。动态检测与静态检测相比,有许多优点:一是可以根据需要定期或随时检测,周期短,节省大量的人力物力;二是检测在动态下进行,反映了运行中的接触网真实技术状态和参数;三是仿真了运行状态下的弓网关系,为改善弓网关系提供了科学、可靠的依据。

图 1-1 高铁综合检测车

要保证受电弓与接触线的良好接触和可靠受流,就必然对接触悬挂的设计、施工和运营具有一定的要求,而且在运营过程中必须进行一系列检测,以便及时发现隐患,克服接触悬挂在某些环节中存在的问题,保证接触悬挂处于良好的工作状态。同时,只有借助对受流的检测,才能评价接触悬挂与受流质量的好坏。

第二节 国外主要国家接触网检测技术发展史

德国是较早发展接触网检测技术的国家,早在1951年就在线路上进行了包括空气动力、受电弓特性和质量、接触悬挂的振动及受流的试验。其后,法国对实际线路的受流试验也做了大量工作，改进了接触悬挂和受电弓性能，取得了良好效果。

接触网检测系统以意大利和德国研制的装置最具代表性。从系统结构看，意大利和奥地利的接触网检测设备比较接近，称为非接触式检测方式，主要强调接触网几何参数的测试；法国、瑞士研制的接触网检测设备与德国比较接近，称为接触式检测方式，主要强调弓网动力学参数的测试。

意大利的接触网检测主要采用激光照射、伺服跟踪、图像处理等技术，对非接触式检测的动态拉出值和导线高度测量较准，但不能测试接触网动力学参数，且因其图像处理计算量很大，也不能适应高速铁路接触网在线测试。

德国的接触网检测侧重对接触压力和硬点的测量，其优点是所获得的动力学参数较为准确，能够对弓网接触状况作出最直观的评判；而缺点则在于测试项目不全、杆位定位不准、压力测试设备在温度变化时需要频繁标定，通过压力传感器测试得到的拉出值在高速下误差较大，定位坡度和磨耗无法检测。

目前各国普遍都是把检测设备装在一个专用的车上，这种车有的自带动力，有的不带动力，都是在运营速度下带电对接触网进行检测。

日本是较早研究接触网检测车的国家，在20世纪60年代初就研制开发了测定弹性和受流情况的测试车，不过这些测试车的设备较为简单。1991年，日本急行电铁公司拥有了集接触网检测、信号检测和无线电检测于一身的新型电气检测车，该车可在 100 km/h 的速度下检测接触线的高度、拉出值、定位器坡度、离线、硬点、支柱号和跨距等参数。东京都交通局1991年研制的接触网检测车装有磨耗、拉出值、硬点、位置等参数的检测装置。

法国国铁研制的新型接触网检测车可以测试接触网静态几何特性，也可以试验受电弓和接触网的动态情况，该车采用 Y32EIS 型转向架，可以在 270 km/h 的运行速度下检测接触线高度和拉出值。

匈牙利研制了在高速运行情况下对接触线静态位置和受电弓滑行轨迹进行检测的设备，它采用非接触式图像处理技术，可在 160 km/h 的运行速度下对接触网的动态参数进行检测。

德国的接触网检测车重点是检测高速情况下的弓网接触压力，以便对接触悬挂和受电弓两者之间的关系进行评判。德国 BB 公司还研制了基于 CCD（电荷耦合器件）图像测量原理的几何参数检测系统，在检测车车顶安装 4 个 CCD 逐行扫描摄像机，2 个聚光灯作为专用照明光源，利用数字图像处理技术，能测量接触线高度、拉出值、接触线磨耗等参数。

奥地利生产的接触网检测车采用非接触方式测量接触线的高度和拉出值等参数，采用接触方式测量弓网接触压力等参数，非接触检测方式和接触检测方式不能同时使用。

各国弓网动态作用检测技术及对评判指标的选择各有侧重，如德国的检测车突出检测弓网间的接触压力，法国突出检测接触悬挂的动态弹性和弓网燃弧，日本则突出检测弓网离线、接触线磨耗。

第三节　我国接触网检测技术的发展状况

我国的接触网检测技术研究始于20世纪60年代，随着我国第一条电气化铁路宝成铁路宝鸡至凤州段于1961年正式开通，1962年由铁道部科学研究院装备了第一辆接触网检测车，当时仅能检测接触线高度和弓网间的大离线。1975年宝成铁路全线实现电气化之后，我国接触网检测技术的研究进入了一个新的阶段，到1980年其检测功能已与国外相类似，其中接触线高度、拉出值、离线等主要检测项目通过了部级鉴定，接着又开发了接触网硬点及弓网接触力的检测和数据处理系统。

20世纪90年代，随着电气化铁道的发展及检测技术的提高，接触网检测设备也有了长足的进步，如采用图像模糊识别技术检测接触网几何参数和支柱位置、将大规模集成电路用于硬点检测、将编程控制器用于偏位检测、用光通信隔离高压、采用多微机系统进行数据处理等都达到了国际先进水平。其中西南交通大学研发的JJC系列接触网检测车作为突出代表，在实际运用中取得了较好的效果，其对动态拉出值和接触线高度的非接触式检测比较准确，压力和硬点检测比较准确，定位准确，数据报表和测试曲线表现形式适合中国铁路实际。

目前，我国电气化铁路列车的速度不断提高，高速铁路飞速发展，对接触悬挂的要求也越来越高，为了保证运营和正确评价弓网受流质量，接触网检测手段和技术也日趋完善和现代化。自2012年开始，铁道部运输局供电部在吸取国外先进技术经验和技术的基础上，结合我国电气化铁路牵引供电工作实际情况，推行了铁路供电安全检测监测系统（6C系统），逐步形成了适合我国国情的接触网动态检测技术。

第四节　检测技术对于接触网维修的重要性

接触网维修是指在接触网系统实际运行状态出现不允许的偏差或发生故障时，对接触网系统进行必要的修复，使其恢复正常功能，以及通过精确检测、调整修理，恢复设备标准状态的过程。接触网运行维修应坚持"预防为主、重检慎修"的方针，按照"定期检测、状态维修、寿命管理"原则，遵循专业化、机械化、集约化维修方式，依靠铁路供电安全检测监测系统（6C系统）等手段，建立信息资源共享平台，实行"运行、检测、维修"分开和集中修组织模式，确保接触网运行品质和安全可靠性。

日常接触网维修方式主要以状态修为主。状态修也是视情维修，它是一种按设备状态进行维护与检测，通过对接触网设备的检测、统计、分析，诊断出设备的劣化程度，找出相应的原因，进行针对性的检修。其要点是：有计划地进行检测；用科学的标准进行评价；有针对性地进行维护；有目标地进行状态管理，即根据规定的技术标准及检测周期，定期对设备进行检测，只要设备的技术参数和运营状态在安全值范围内，则不进行维修作业。

通过对接触网设备的检测分析诊断，一是可以根据检测数据，分析诊断接触网设备缺陷形成的原因，提出缺陷处理的指导性建议，确保接触网设备的安全运行。二是减少不必要的维修，既可以节省大量的人力、物力和时间，又可以集中力量精检细修其他设备，有效地解决接触网"天窗"与铁路运输的矛盾。

接触网检测与维修的关系如图1-2所示。

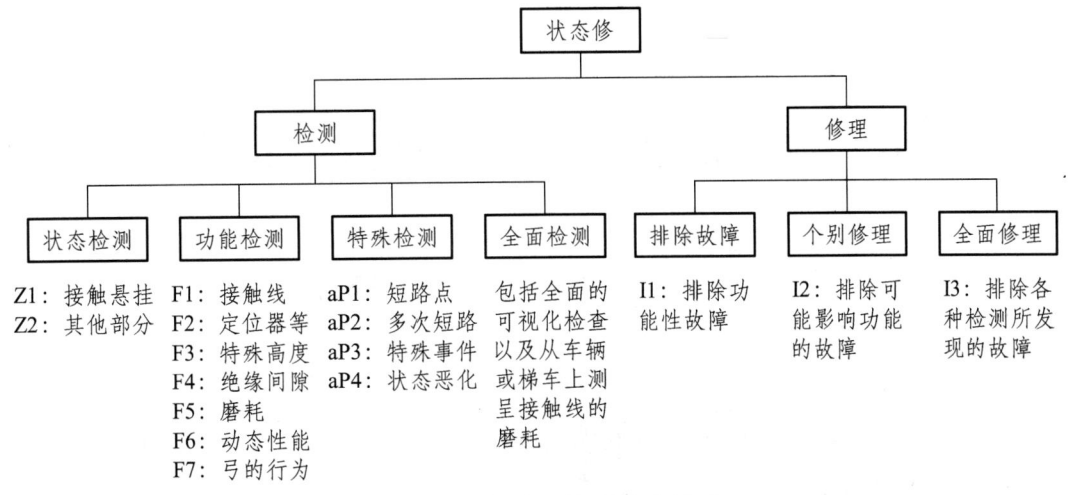

图 1-2 接触网检测与维修的关系

习 题

1-1 接触网的技术要求条件有哪些？
1-2 早期的静态检测和高铁的动态检测有哪些区别？
1-3 状态修中检测和修理都包含哪些具体工作任务？

第二章 接触网检测技术的基本原理

第一节 弓网关系基本原理

一、概 述

在电气化铁路上运行的电力列车(包含电力机车与动车组),其所需的电能均来自电力系统发电厂。分布在铁路沿线的牵引变电所将来自电力系统的电能的电压等级转化为符合电力列车要求的电压等级后,依靠架空接触网输送给电力列车,其过程如图 2-1 所示。

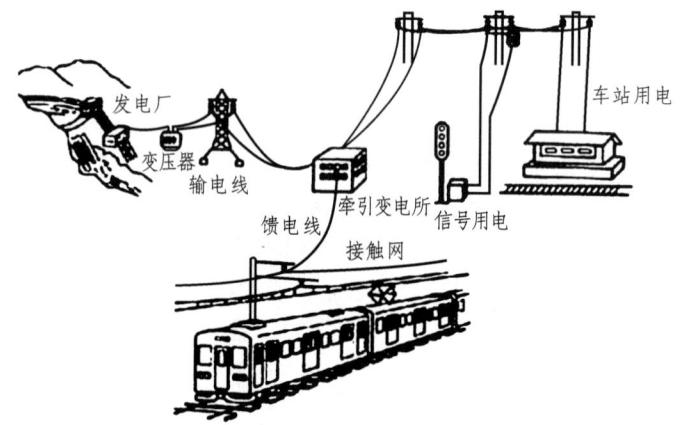

图 2-1 电力系统向牵引供电系统供电的示意图

牵引供电系统是向高速运行的电力机车传递强大电能的系统装置。接触网沿铁路架设,是向电力机车供电的装置;受电弓是安装在电力机车上从接触网上滑动获取电能的装置,如图 2-2 所示。

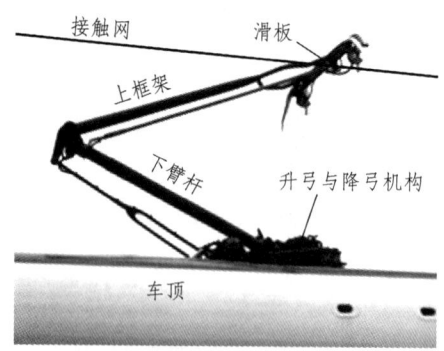

图 2-2 电力机车通过受电弓从接触网上滑动获取电能

接触网是安装在铁路沿线的固定设施,受电弓属于安装在电气列车车顶上方的集电设备,两者间的动态相互配合共同实现了电气列车与牵引变电所之间的电能传输。接触网作为受电弓机械滑道，在两者动态作用过程中，接触网受到受电弓滑动运动过程中带来的移动、冲击性载荷，使接触网零部件处于随机、频繁振动的复杂工况中，同时接触网还受到冲击大电流、温差、雨雪冰冻及周围环境等多因素的影响，尤其是接触网还是一个无备用的系统，任何零部件的失效都有可能导致接触网部分或者整体失效而无法正常工作。因此，充分理解弓网之间的动态相互作用关系的重要性，以及应用现代化监测检测设备对接触网、弓网相互作用全过程进行全方位的监控检测，对保证接触网良好的工作状态及弓网间良好的匹配关系、保证接触网全寿命过程中维护维修的及时性和精准性具有非常重要的意义。

受电弓与接触线直接接触的部件称为滑板，滑板与接触线需要保持一定的接触力，以维持两者不间断的电接触，这个接触压力不能过大或过小，接触线以"之"字形布置，受电弓前行时接触线相对地在滑板上摩擦。

受电弓与接触网组成的系统（简称弓网系统）是运行中的电力机车从牵引变电所获取电能的载体。列车所需负载电流从受电弓与架空接触网的接触点（弓网接触点）流入，再从车轮与轨道的接触点（轮轨接触点）流出，并经过回流回路返回牵引变电所。再生制动时电流方向则相反。

受电弓受流的特点如下：

（1）机械运动方面，受电弓滑板沿接触线高速滑动摩擦、受电弓上下振动、受电弓横向摆动和接触网振动，并形成行波沿导线向前传播。

（2）电气状态变化方面，机车/动车组牵引大电流通过接触线和受电弓滑板接触面，电流发生剧烈变化，产生弓网离线火花，对周围环境造成电磁干扰。

在一定的经济、技术条件下，需要对弓网系统提出极其严格的电气状态和机械运动要求，以确保功率传输的可靠性、受流系统的运行安全性、良好的受流质量、受流系统的使用寿命和减少对周围环境的影响。

二、受电弓的基本构成及受电弓滑板的特性

SSS400+型受电弓的基本构成如图 2-3 所示。其中弓头由滑板、滑板托架、弓角等几部分组成，安装在受电弓框架的顶端，借助框架的伸缩做上下移动，并能绕自身的固定转轴做少量的转动。

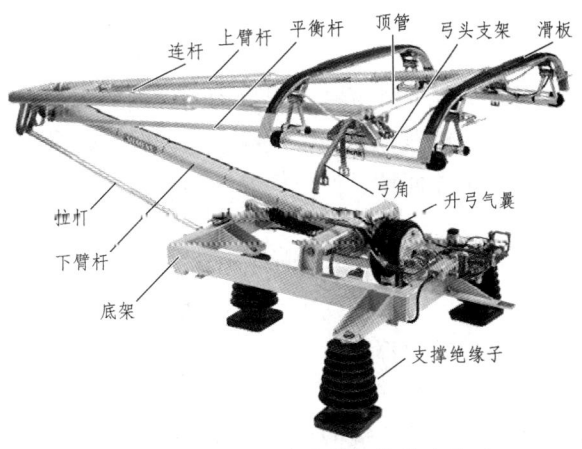

图 2-3 SSS400+型受电弓的基本构成

滑板是集电元件,通过与接触线滑动接触完成牵引电能的传输。滑板一旦受损或失效,将危及列车运行安全。

受电弓滑板的特性是决定弓网受流质量的关键所以滑板应具有如下技术特性:

(1)滑板的材料必须具有良好的导电性能,与接触线的接触电阻要小,同时熔点要高。这是因为如果接触线与滑板间的接触电阻过大,会引起发热量增大,进而导致接触线和滑板烧损。

(2)滑板与接触线之间的摩擦系数要小,两者之间必须具有良好的润滑性能,以减少维修量、延长设备使用寿命。

(3)滑板的抗压强度要高,但二者间不能造成互相损伤。

(4)滑板应具有良好的韧性和弹性,不会因过大的冲击而造成缺损或断裂,也不会因工作原因而产生大量粉性物质。

(5)受电弓的归算质量要小。滑板的质量轻会提高受电弓的跟随特性,降低受电弓引起的冲击和离线率。受电弓的归算质量越小,它的跟随特性就越好,适应接触网的能力也就越强,能有效降低受电弓的动态振幅。

(6)按照铁标规定,受电弓滑板一般运行超过 10 万机车千米且磨耗后滑板最低点剩余高度不足 5 mm 时要进行更换,所以滑板也是易耗品,实际使用时要充分考虑其经济性。

三、弓网系统的基本要求和规格

电力列车受流的可靠性主要取决于弓网系统的实用性和可靠性。其中接触网在牵引供电系统中是单一的无备用设备,除要求接触网能安全可靠、高效的运行以外,还要求弓网系统满足以下条件:

(1)动态接触力和接触线抬升应在允许范围内。

(2)通过弓网接触点的电流应能满足电力列车各种情况的运行需要。

(3)符合可靠性和使用寿命方面的规定。

对弓网系统的这些要求可分为几何、电气、机械、材料四种耦合关系及环境和运营维护等几个方面,各个方面既相互区别又相互联系。

(一)几何要求

受电弓的工作范围及弓头的几何外形是确定接触线空间位置的重要依据。对受电弓与接触网相互作用的基本要求是:接触线在充当输电线路的同时又是受电弓的滑道,只有接触线不离开受电弓和弓头的工作范围才能使弓网系统顺利运行。在正常运行时,受电弓沿接触线滑行是最重要的。

接触线在空间的横向位置是相对于弓头的中心线而言的,而轨道上方的接触线高度则依据铁路和使用现场的具体情况确定。为使受电弓沿接触线平稳滑行,接触线高度最小值、最大设计值以及接触线允许坡度的取值都非常重要。

为实现滑板和接触线的良好接触并降低磨耗,接触线必须沿受电弓滑板周期性地往复运动。定位点处接触线相对于受电弓中心线的横向偏移即拉出值就必须符合要求。

所有作用于接触网上的机械荷载必须由支柱和基础承担,并将所有荷载传给大地。接触网部件的变形,如支柱弯曲或振动等,均不应影响电力列车所需电能的可靠传输。

任何情况下,受电弓经过接触网电分相中性段时,都不应导致不同相位的接触网发生短路。

(二) 机械要求

弓网系统是在运行中构成电气回路的同时,还必须保持有一定接触力的机械装置。电力列车受流过程中,受电弓与接触网在机械和电气上密切相关,只要其中之一出现问题,就会破坏正常的弓网电接触,甚至导致弓网事故的发生。

接触网既有均布质量,又有集中质量,是一个非常复杂的振动系统。当受电弓与接触网接触并高速运行时,受电弓弹簧系统的振动、列车车体的振动以及风力等因素均参与作用,受电弓弓头会在上下、左右、前后6个方向产生运动。

弓网接触力连接受电弓和接触网两个机械系统,这两个机械系统均能振荡并且具有各自不同的质量块、弹性系数、衰减系数和固有频率。由于接触网具有弹性,受电弓作用在接触网上时会使接触线有一定的抬升。沿接触网锚段变化的弹性导致受电弓产生周期性振动,振动的幅度又与受电弓作用到接触线上的抬升力相关。

弓网振动以横波的形式沿接触网锚段传播,并在集中质量和吊弦处产生反射与透射,反射波与振动的主横波在弓网接触点叠加后,又会使弓网接触力产生变化。

随着电力列车运行速度的增加,动态部件对弓网接触力的影响越来越大。弓网接触力小到一定程度或完全失去时,意味着滑板与接触线失去机械接触(俗称"离线");相反,弓网接触力过大,会导致接触线抬升过高并带来无法接受的接触部件磨耗。因此,弓网接触力应该维持在适当的动态范围内。

(三) 材料要求

由于铜和铜合金有较高的导电性、张力、硬度及承受温度变化和抗腐蚀的能力,硬拉电解铜和铜合金已经成为全球使用的接触线材料。

制作受电弓滑板的材料通常为铜、铜合金、纯碳和浸金属碳,这些材料与接触线的相互作用原理有明显的不同。碳滑板具有光滑的表面,没有任何粗糙部分磨损接触线。铜和铜滑板的粗糙表面类似于一把细锉刀,这种粗糙表面所起的研磨作用会使滑板和接触线出现快速磨损。

碳滑板已被证明特别适用于匹配铜和铜合金接触线。碳滑板的自润滑性能与耐电弧性能较好,能满足高速弓网系统动态需求和延长弓网系统使用寿命的要求,但碳滑板导电性能较差,需要提防电力列车停车时的静态接触温升会引起接触线局部温度超过允许限度的危险。另外,碳滑板在受到机械碰撞时容易破碎。为避免碳滑板受损后的受电弓继续运行,高速受电弓通常安装ADD(自动降弓装置),一旦滑板破损断裂,ADD可快速降下受电弓,尽可能缩小弓网事故范围。

金属滑板比同样体积的碳滑板要重很多,会给受电弓的动态性能带来不利影响。当直流电气化铁路电压低、列车取流量大时,为避免弓网接触点过热,有时不得不选用金属滑板。

滑板与接触线的磨耗是机械磨耗和电气磨损两方面因素共同作用的结果。弓网接触力过大时,机械磨耗显著;弓网接触力过小时,电气磨损明显。这意味着,为保证弓网系统有尽可能长的运行寿命,维持恰当的弓网接触力至关重要。

（四）电气要求

弓网系统将电能从牵引变电所传输到电力列车，从车内的辅助设施、生活设施的固定用电和牵引车辆运行的移动用电两方面来说，电力传输都应安全可靠。

电力列车所需电能通过弓网接触点进行传输，较小的接触面积是电流传输的主要障碍。在所有架空接触网设施的损坏中，有许多是滑板与接触线的不良接触带来的短期热效应造成的。这种情况在车辆静止不动，或缓慢移动且高额取流，或滑板磨损及损坏时都有可能发生。

连续送电时没有电流中断或较多的电压损失，就意味着受电弓与接触网必须一直保持机械接触。如果失去机械接触，弓网系统就会发生离线，如果离线间隙有电流通过，电弧也就伴随离线产生。电弧对环境产生影响，引起干扰并加大了弓网系统磨耗，但却能维持电力列车取流的连续性，这对移动接触能量传输非常重要。如果受电弓与接触网的空间间隙过大，维持牵引电流的电弧熄灭而不再复燃，电力列车就会因牵引电流中断而失去动力。

弓网系统的电接触具备静态、滑动与可分合电接触的所有特点，电接触理论是研究弓网系统电气作用的基础。

（五）环境要求

弓网系统应能在一定的温度范围内工作，这一温度范围应根据当地的气象条件确定。

风会使接触线产生相对于原始位置的横向偏移，极端情况下有可能导致接触线偏离弓头有效工作范围。气流也会通过受电弓间接作用于接触线上，甚至使接触线抬升过大而发生弓网事故。所以应在一定风速下对弓网系统进行针对性设计，确保极端情况下的风荷载不会造成弓网系统损坏。

在一定的天气气候条件下，受电弓和接触网有可能产生覆冰，接触网的覆冰会危及受电弓的正常运行，受电弓的覆冰也可能导致接触网的损坏。

风与冰的共同作用还可能使接触网线索产生舞动，导致弓网系统事故。

运行中的弓网系统会产生噪声，噪声的主要成分包括摩擦噪声、电弧噪声和空气动力噪声等。空气动力噪声应成为关注的重点。

另外，伴随弓网系统燃弧产生的高频电磁波会对 30 MHz 的调幅无线电波产生干扰。

（六）运营维护要求

在规定的工作年限内，弓网系统设备的安装、运营维护费用应尽可能低。接触网的设备与零部件应经过恰当的防腐处理。对接触网应定期进行技术诊断，并依据诊断结果进行相应的修理。

在接触网上安装监测设备，根据监测信息对受电弓的动态特性进行评估，可以对受电弓的潜在故障进行预警，以便及时采取措施，将故障消灭在萌芽状态。

四、弓网系统的核心要求

弓网系统中，接触网是固定设施，受电弓是移动设备，弓网接触点是两者联系的纽带。弓网接触点既存在电气作用又存在机械作用，接触线和滑板的磨耗以及接触点的允许电流很大程度上又依赖于两部件的材料组合。

受电弓与接触网的相互作用实际是一种动态关系，主要取决于几何、电气、机械和材料四种耦合关系。其中几何耦合主要包含接触线的拉出值、高度、多支接触线相对位置、定位器和接触线的坡度等相互位置几何参数，它是确保弓网系统运行可靠的基础因素；电气、机械耦合主要反映弓网系统的动态作用关系，主要包括弓网接触力、定位点抬升及燃弧等，它是决定电力列车的受流可靠性和受流质量的核心和关键；材料耦合首先取决于弓网材料组合，首要原则是弓网静态接触电阻要满足取流量的要求，其次是弓网接触力与运行速度等影响磨耗的因素，它是决定弓网运行寿命的保障。

在电力列车实际运行中，普速铁路接触网的侧重点在于弓网几何参数的匹配和电气参数的耦合，而高速铁路接触网除了弓网几何参数的匹配和电气参数的耦合外，重点关注点在弓网间的电接触状态和机械动态（振动、波动）特性上。

五、弓网关系的评价原则

主要根据以下原则评估弓网关系的优劣：

（1）受电弓和接触网相互作用的基本要求是：由于受电弓在运行中相对于接触网做横向运动，只有接触线不离开受电弓弓头的工作范围才能使列车顺利运行。接触线在受电弓滑板上的合理范围内移动也能延长受电弓滑板的寿命。

（2）连续送电时没有电压降或电流损失。这就意味着受电弓与接触网必须一直保持机械接触，如果失去机械接触就会发生燃弧。燃弧的次数和持续的时间是评价能量传输质量的标准。

（3）不会发生超出允许范围内的环境干扰。燃弧产生的高频电磁波会对 30 MHz 的调幅无线电产生干扰，同时还会产生可闻噪声，不过这种噪声基本上被一般的列车噪声所掩盖。

（4）不产生相关部件（接触线和受电弓）的异常磨耗，这种异常磨耗在经济上是不可接受的。这样的磨耗可能是由于燃弧或接触压力过大引起的。

当接触压力接近零和完全失去时，受电弓与接触线间会发生燃弧；相反，接触压力过大也会导致接触线抬升过高，并带来无法接受的磨耗。

第二节 接触网检测的分类

一、按照检测目的分类

接触网检测按照检测目的的不同，可分为施工期检测和运营期检测。

施工期检测：在接触网施工和施工验收阶段进行的检测。主要用于接触网施工过程中的质量控制。

运营期检测：周期性地在电气化线路运行时进行的接触网参数检测。主要用于及时掌握接触网设备运行状态，指导日常接触网设备的维修，确保接触网设备处于良好的运行状态。

二、按照检测方式分类

接触网检测按照检测方式不同,可分为静态检测和动态检测。

(一)静态检测

接触网静态检测是指利用测量仪器或工具在静止状态下测量接触网的技术状态。一般常用的仪器和工具有人工便携式测量装置,如绝缘测杆、接触网激光测距仪、游标卡尺、红外线温度测试仪等。接触网静态检测主要测量接触线在不与受电弓接触的情况下相对于钢轨平面的空间位置,为接触网设备维修调整提供依据。

接触网静态检测参数主要有拉出值、接触线高度、接触线坡度、定位器坡度、线岔及锚段关节处双支接触线相对位置、接触线磨耗、接触线温度等。

接触网静态检测常用的仪器介绍如下。

1. 绝缘测杆接触网参数测量装置

绝缘测杆接触网参数测量装置主要由绝缘测量杆、线坠、轨距尺、卷尺、计算器组成。用绝缘测杆将线坠悬挂于要测量的接触线位置,将轨距尺卡在线坠尖正对的钢轨位置,抽出绝缘测杆可抽拉部分至线坠尖所指出的轨距尺位置,从绝缘测杆上的刻度读数得到接触线高度;再根据轨距找出线路中心在轨距尺位置,用钢卷尺测出该中心位置距线坠尖距离,即为接触线相对于轨道中心的位置值 m,在直线区段,受电弓运行轨迹中心与线路中心重合,该值即为拉出值 a;在曲线区段 $a=m+H×h/L$(式中 H 为预先测量的接触线高度;h 为外轨超高;L 为轨距,可用轨距尺测得),通过计算器计算得出曲线处拉出值。采用相同方法可以测量线岔及锚段关节处相关参数。

2. 接触网激光测距仪

接触网激光测距仪属于一种便携光学测量装置,目前已取代传统的绝缘测杆测量装置成为静态接触网参数测量的主要工具。接触网激光测距仪由激光距离传感器、数据处理装置、数据显示装置等主要部分组成,如图 2-4(a)所示。

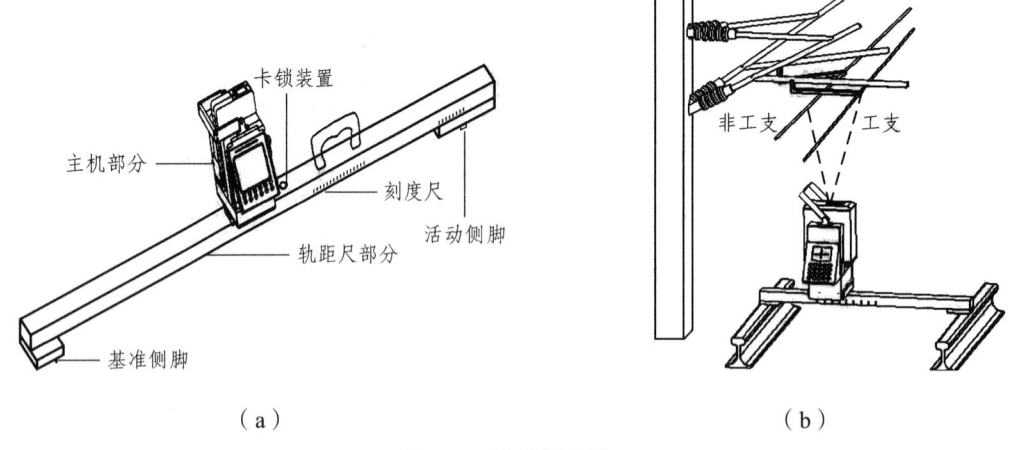

图 2-4 激光测距仪

接触网激光测距仪利用装有十字线和瞄准器的透镜系统通过激光定位对接触线成像,从而确定接触线位置,如图2-4(b)所示。一旦在十字交叉处看到或激光定位到要测量的接触线处,便能根据激光测距和三角函数关系计算得到接触线高度和横向偏移。

接触网激光测距仪一般还能对外轨超高、支柱侧面限界、定位器坡度、支柱跨距、结构高度等接触网参数进行测量。对定位器坡度的测量是通过分别测量定位器定位钩和等位线夹的空间位置,然后由测距仪内部计算机根据两点高差和横向距离计算出来。

3. 游标卡尺测量接触线的磨耗

游标卡尺测量接触线的磨耗,就是利用接触网停电天窗,采用测量精度为0.1 mm的游标卡尺,测量磨损严重处的接触线残存高度,然后根据测量值查找相应型号接触线磨耗换算表得出该处接触线的磨耗面积。

4. 红外线温度测试仪

在接触网供电臂范围内有列车取流通过时,采用红外线温度测试仪,测量可能发热处接触线的温度(通常在接触网主导电回路处所),判别温度是否异常。

图 2-5 便携式测量装置

(二)接触网动态检测

接触网动态检测是指利用安装在接触网检测车等专门车辆上的检测装置,在运行过程中测量接触网的技术状态。一般常用的是接触网检测车(见图2-6)、可移动简易推车(施工时采用)等。测量运行过程中车体相对于钢轨平面的位置,对检测结果进行补偿计算,还原成与钢轨为参考面的静态值,检测结果能为施工和维修调整提供依据。

图 2-6　接触网检测车

接触网动态检测中，根据检测项目侧重点的不同，检测方法有接触式检测和非接触式检测两种，即通过判断检测车安装的受电弓是否与接触线接触来区分检测方式。非接触式检测主要检测接触线相对轨平面的空间几何参数，如：拉出值、接触线高度、一跨类最大高差、双支接触线相对位置等；而接触式检测主要检测弓网接触压力、硬点、接触线坡度、定位器坡度、离线燃弧、接触网网压等反映弓网动态关系的参数。

第三节　接触网检测项目

一、拉出值

拉出值是指接触线与受电弓中心运行轨迹的距离值，在直线区段，接触线布置成"之"字形，也可称为之字值。合理的拉出值应使受电弓滑板磨耗均匀，定位器受力和坡度合理，任何情况下受电弓都不会脱离接触线。如果接触线拉出值设置太小，则在受电弓滑板上产生偏磨，就会缩短滑板的使用寿命，还有可能造成定位器卸载，在风负载作用下引起定位器损伤；如果接触线拉出值设置过大，则容易导致接触线脱离受电弓的有效工作范围而造成弓网事故，且定位器受力过大会使定位器坡度变小而容易出现打碰受电弓的现象。

二、接触线高度（简称导高）

接触线高度是指定位点处接触线至钢轨平面的垂直距离。它是弓网关系中一个重要的几何参数，接触线高度取决于铁路线路上运输货物限界（货物最大装载高度）、隧道及建筑物限界、最小绝缘间隙、动态最大抬升量、运行的电力列车受电弓安装高度及有效工作范围等。在静态下，测量接触线高度是否满足标准要求，为接触网施工和维修提供参考依据；在车辆运行的动态情况下测量受电弓沿接触线运行轨迹，为研究接触悬挂的质量和受电弓的性能及受流状态提供分析依据。

三、接触线坡度

接触线坡度是指两相邻定位点的接触线高差与该两定位点间距离（跨距）的比值，一般用"‰"表示。检测中一般用接触线在一跨内的最大高差的检测来代替接触线坡度检测。接触线的坡度决定接触线的平顺性，如果接触线坡度过大（或一跨内高差较大时），受电弓在高速运行中来不及跟随接触线的高度变化，就会发生离线，影响受流质量。接触线坡度及其变化率是影响受电弓高速运行的重要因素之一，速度越高，接触线坡度及其变化率就应越小。

四、定位器坡度

定位器坡度是指定位器相对于钢轨平面夹角的正切值。坡度过大，会影响悬挂点的弹性，在曲线处接触线线面易偏转而出现接触线线面偏磨；坡度过小，受电弓通过定位点时易因抬升过大造成滑板撞击定位装置而引发弓网事故。

五、线岔、锚段关节

线岔和锚段关节属于接触网设备的关键设备，是弓网受流薄弱环节，受电弓在这些处所要实现从一支接触线平滑过渡至另一支接触线上，易引发弓网事故，对接触线的空间几何位置要求严格。

线岔处主要是检测线岔定位、始触区网支接触线高差是否在规定范围内以及非工作支抬高是否满足要求。锚段关节处主要是检测工作支和非工作支接触线的水平距离及垂直距离是否满足要求。

六、接触线磨耗

接触线磨耗是指接触线在受电弓滑板的机械摩擦、接触线与滑板间的电气侵蚀、大气中的化学腐蚀等综合作用下，其工作截面产生明显磨蚀现象。接触线磨耗关系到接触网的机械、电气安全，是影响接触线使用寿命的重要因素。一般是通过测量接触线的残存高度，再查对接触线磨耗换算表得出接触线磨耗面积。

接触线磨耗较大时，单位面积上承受的张力增加，易引发接触线断线事故。接触线磨耗应每年测量一次，且重点在接触线接头处、电分段和电分相、线岔和锚段关节处、载流量较大处、接触线坡度有明显变化处等。

七、接触压力

接触压力是指受电弓在运行中施加在接触线上的力和接触线施加在滑板上的力，是一对作用力与反作用力，也称之为弓网接触力。受电弓与接触网只有在相互作用时才能完成电力机车从接触网获取电能的目的。接触压力稳定时，说明弓网接触稳定、受流质量良好；接触压力波动较大时，说明弓网接触状态差、受流质量差。

接触压力及其分布变化情况是评价弓网系统受流质量和动态运行质量的重要标准之一。接触压力过小，说明接触质量不良，容易产生燃弧或引起电流中断破坏正常取流效果，同时燃弧产生电弧烧腐蚀受电弓滑板和接触线，进一步恶化受流条件，造成恶性循环；接触压力过大，会引起接触线抬升量加大，使接触线局部弯曲引起疲劳损伤，同时加剧接触线磨耗，严重时会造成弓网事故。

八、硬点

硬点（垂直方向加速度）是指受电弓弓头和接触网之间相互作用产生的垂直方向上的加速度值。

接触悬挂的一个重要指标就是弹性均匀程度。如果在接触悬挂或接触线上的某些部分[如在跨距两端的定位点处（弹性变差）]有附加质量，在列车高速运行情况下，这些部位就会出现不正常升高，甚至出现撞弓、碰弓现象，形成这种客观现象的本征状态称为硬点，是对接触悬挂中由于质量集中（质量分布不均匀）或弹性不均（弹性突变）可能改变受电弓运行状态的处所的统称。所以，硬点是一种结构的本征缺欠，并且是相对的，运行速度越高表现越明显。

硬点是一种有害的物理现象，它会加快导线和受电弓滑板的异常磨耗和撞击性损害，同时破坏弓线间的正常接触和受流，常在这些部位造成火花或拉弧。所以，在高速电气化铁路接触网中，对于硬点的检测是十分重要的。

首先要明确的是，在实际运行当中，由于接触网自身结构组成的原因，接触悬挂中硬点是客观存在的，如电分相、分段绝缘器、接触线接头、定位线夹、吊弦线夹、中心锚节以及电连接线夹等质量分布集中处所，硬点本身就是接触悬挂的一部分。现在通过采取一定的措施，如采用轻型新材料减轻设备质量，采用新技术加强安装及检修工艺，改善设备运行状态，减少硬点对弓网关系的影响，尽量降低其危害，但不能从根本上消除硬点。使用锚段关节式电分相取代器件式电分相，但仍然存在如各类线夹等处所的硬点。

九、离线

离线是指在电力机车运行中，其受电弓与接触线出现机械脱开，接触压力为零时的情况。电力机车上的受电弓和接触悬挂都是具有一定弹性的电气设备及供电装置，从接触悬挂本身方面看，由于接触悬挂沿跨距的悬挂弹性不均匀，在接触线坡度变化明显处及接触悬挂的硬点处会发生离线。另外，从受电弓方面看，在机车运行达到一定速度时，受电弓自身产生水平和垂直方向的加速度，从而引起接触悬挂的振动，会使两者的良好接触遭到破坏，从而使受电弓在运行状态中不能很好地与接触线接触，造成弓网脱离。

离线是一种不正常的运行情况。这种机械性脱离就意味着断电，因而伴随着火花电弧的产生。这种现象除对沿线通信线路产生干扰外，还会加剧受电弓滑板与接触线的磨耗，严重时甚至会中断接触线对电力机车的供电。离线的原因是多方面的，但是起决定性影响的是受电弓和接触悬挂的质量，故离线就成了衡量受流质量、受电弓及接触悬挂质量的重要指标。

离线的测量是通过离线率来量化，是通过计算离线时间占测量总时间的百分率来衡量。

十、燃弧

燃弧是指受电弓与接触网在滑动接触过程中，接触网周期性的弹性变化及受电弓通过不规则的地方导致弓网接触力出现波动，当弓网接触力为零，即集流中受电弓滑板与接触线脱离机械接触时，伴随出现的电弧现象。实际上燃弧也是离线的另一种表征。

燃弧还与通过弓网接触点的电流量有关，如果没有电流通过弓网接触点，即使弓网接触质量再差，弓网系统也不会产生明显电弧。而且燃弧只能反映弓网接触过松的情况，弓网接触过紧也不会产生燃弧。

高速铁路动态验收技术规范规定，对弓网燃弧指标的要求是：最大燃弧时间 T_{max} < 100 ms，燃弧率 μ < 5%，燃弧次数应小于 1 次/160 m。

燃弧率的计算公式如下：

$$\mu = (\sum t_{arc} / t_{total}) \times 100\%$$

式中　　$\sum t_{arc}$ ——单次燃弧持续时间大于 5 ms 的燃弧时间总和；

t_{total} ——测量总时间。

十一、接触线温度

接触网上通过的牵引电流比较大，在导电回路的某些地方（如电连接线夹等处）由于接触不良，局部电阻增大，导致此处接触线局部剧烈发热，烧伤接触线，在接触线张力综合作用下出现接触线断线，引发事故。接触线局部发热由于在牵引电流大时才出现，平时不易被发现，但其危害非常大，因此需要在接触网设备日常运营维护中加强对接触线温度的测量。

十二、接触网电压

接触网电压的高低是衡量供电质量优劣的指标之一。接触网始端电压不能高于 30 kV，末端电压不能低于 19 kV，在此范围之外的供电电压将会给电力机车带来不良影响。

十三、定位信息

定位信息是指在接触网动态检测运行过程中，需要将检测的数据结果与分布于线路上接触悬挂点对应的坐标信息进行定位。它是通过安装在检测车轮对上的速度传感器传输的数据包与车辆内部安装的 LKJ 数据（列车监控数据）进行匹配核对来实现的。接触网定位信息一般采用支柱号（或接触悬挂号）和千米标。只有将检测数据与支柱号对应起来，才能对接触网的维修具有实际指导意义。

十四、环境温度

热胀冷缩、覆冰等因素对接触网状态有直接的影响，接触网参数检测结果与环境温度有着密切联系，因此在接触网检测中，必须考虑当前环境温度的影响。

第四节　接触网动态检测的原理

国内外多年的理论研究、试验和工程实践表明，接触网静态特性优异是保证接触网动态特性良好的先决条件，线路运营速度越高，对接触网的静态特性要求就越高。接触网工程竣工后应先进行静态特性检测，如果静态检测出的缺陷没有被消除，则动态检测该处所时同样会出现质量缺陷。因此，《高铁电牵施工指南》规定：接触网工程竣工后，应采用非接触式接触网检测车或综合检测列车对接触网几何参数进行检测。非接触式接触网检测车运行速度宜为 20 ~ 80 km/h；综合检测列车检测前应用接触网检测车对接触网空间安全参数进行复核，运行速度为 80 ~ 160 km/h。

接触网工作环境恶劣，受风、雨、雪、沙尘等的侵袭，在运营过程中与受电弓高速滑动接触，长期处于振动状态，并且工作于大电流情况下，难免会出现空间几何位置变化、部件松动等现象，因此需要在接触网日常运营维护中定期进行检测，及时发现事故隐患并根据检测结果对接触网进行修理，保障安全运行。

高速铁路接触网检测的参数如表 2-1 所示。

表 2-1　高速铁路接触网检测的参数

检测的目的	参数分类	检测参数
评价接触网 （静态检测）	接触网特性	接触线几何参数
		接触线磨耗
		接触网弹性
		定位器坡度
检测的目的	参数分类	检测参数
评价弓网动态相互作用 （动态检测）	弓网动态性能	弓网接触力
		燃弧率
		定位点处的接触线抬升
	弓网电接触性能	弓网接触点温度（接触线温度）

一、几何参数测量

受电弓与接触网系统运行的可靠性需要二者在几何尺寸上互相配合，以保证在滑动接触运行过程中，接触线不至于滑动到受电弓工作范围之外，或者在线岔和锚段关节处受电弓钻到工作支和非工作支接触线之间而引起弓网事故。接触网几何参数包括拉出值、接触线高度、双支接触线水平距离、双支接触线高度差等与接触悬挂空间几何位置相关的参数。接触线的几何参数需要在静态和动态两种情况下测量，在没有外界扰动（静态）的情况下获取的接触线空间位置参数为静态参数，在与受电弓动态相互作用（动态）情况下获取的接触线空间位置参数为动态参数。通常采用非接触式测量设备获取接触线的静态空间位置参数。

二、接触网弹性的测量

单位抬升力作用下的接触线抬升量称为接触网的弹性。测量接触网的弹性需要解决两个问题：

（1）确定接触线的初始高度。
（2）测量一定抬升力作用下的接触线高度。

接触线的抬升量等于接触线在抬升力作用前后的高度差，因此，需要对同一区段的接触线高度进行两次测量，并由两次测量的结果计算出接触线的抬升与接触网的弹性。将每一点的弹性与线路千米标相结合，就可以得到与千米标对应的接触网弹性曲线。

图 2-7 所示为测量弹性使用的模拟受电弓。

图 2-7 测量弹性使用的模拟受电弓

三、定位器坡度检测

当受电弓通过定位器时，由安装在受电弓上的光电开关发出触发信号，触发高速工业数字相机拍下当前画面，如图 2-8 左边所示，计算机通过二值化处理及相应识别算法，提取出定位器在图像中的位置，如图 2-8 右边所示，利用图像处理算法即可计算出定位器坡度。

图 2-8　图像法测量定位器坡度

四、弓网振动冲击测量

接触网的硬点产生于接触悬挂的质量突变处和接触表面光滑程度突变处。在接触悬挂的硬点处，接触线和受电弓的接触力发生突变，造成弓网冲击，车速越高弓网冲击越严重。

可以在受电弓滑板上安装加速度传感器检测硬点，如图 2-9 所示。加速度传感器的输出信号大小与受电弓弓头遇到硬点时的振动冲击速度变化率（加速度）成正比。通过受电弓不同的加速度即可判断出接触线硬点的位置。

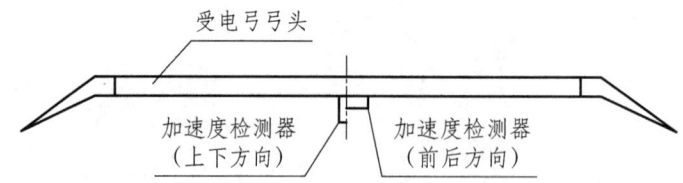

图 2-9　加速度传感器在受电弓弓头上的安装

受电弓遇到硬点时加速度的变化主要体现在垂直于线路的前后方向和上下方向。在受电弓上安装加速度检测器可以检测出受电弓的加速度，同时测量上下方向和前后方向的加速度，形成二维加速度测量。

加速度传感器有压电式和压阻式，压阻式适合电磁干扰较大的场合，不易损坏。装置选用进口压阻式 MEAS 3028 系列加速度检测器测量硬点。

五、弓网接触力测量

弓网之间相互作用状态最终的定量评价标准为动态接触力及其分布情况。弓网接触点的功能是保证电能从接触网经受电弓向运行的电气列车不间断、无差错地传输。为了保证电能的可靠传输，并将滑板与接触线的磨损降至最低，弓网接触力就需要保持在一个特定的范围内：弓网之间的接触压力太小将导致接触不良，发生离线，引起电弧，弓网之间的电磨耗加大；接触压力太大，会造成接触线的抬升量过大，受电弓运动振幅加大，受流状况恶化，弓网之间的机械磨耗也加大。

在动态情况下，直接测量弓网接触点上的力是不可能的，因为接触点在滑板上不停地移动。可以直接在滑板底座与滑板连接处分别串接接触压力检测传感器（称重传感器），如图2-10所示。传感器的输出信号幅值与弓网接触压力和受电弓滑板重量之和成正比，各传感器输出换算成力值后求出其合力，并综合考虑受电弓滑板的惯性力及其自重，即可计算出弓网之间的接触压力。

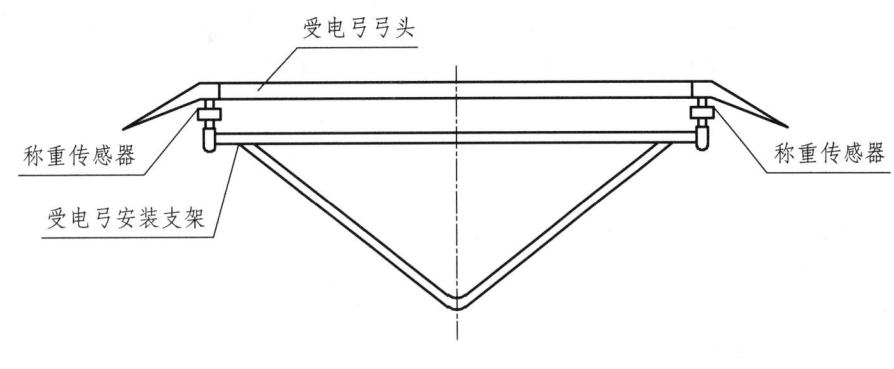

图 2-10 称重传感器安装图

六、接触网温度检测

接触网在传导电能的过程中，在电气连接部位（如连接螺丝松动、压接配合失灵、端子板连接处）会发生严重腐蚀和磨损，使横截面面积减小、开关接触点缺陷，导致接触不够良好，使该部位电阻变大，引起局部温度异常。而局部的高温将进一步导致金属氧化，恶化接触状态，加剧发热。

自然界中的任何物体，只要温度高于绝对零度（-273.15 ℃），都会以不同波长的电磁波形式向外辐射能量，但波长主要处于 0.8~15.0 μm 的红外区内。物体红外辐射能量的大小按其波长分布，与物体表面温度有十分密切的关系。对物体自身辐射的红外能量进行测量，便能准确地感知物体的表面温度。我们正是利用这一特性对接触网的电气设备进行红外探测，快速地获取设备的温度信息进行接触网温度测量。

利用安装在检测车顶的高速红外数字相机对接触悬挂进行温度检测，不间断拍摄接触悬挂红外图像，通过对红外温度图像的分析，识别出温度异常点，如图2-11所示。

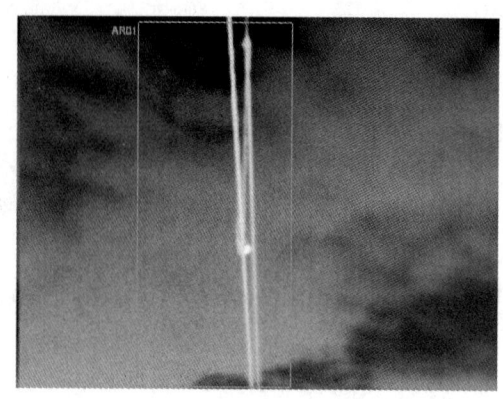

图 2-11　接触网温度图像

七、网压检测

网压检测通过电压互感器将受电弓上的电压变换成检测计算机可以直接采集的低压直流信号，传输给检测主机采集卡进行采集，检测主机再对采集到的信息进行分析计算并转换成接触网电压数值。为保证安全性，电压互感器通过高压保险管与受电弓相连。

八、燃弧的测量

燃弧的测量已经表明，不可能重复试验运行的结果，即便在相同的线路、相同的条件下重复进行试验也是如此。燃弧还与通过弓网接触点的电流量有关，如果没有电流通过弓网接触点，即使弓网接触质量再差，弓网系统也不会产生明显的电弧。而且燃弧只能表征弓网接触过松的情况，弓网接触过紧不会产生燃弧。显然，利用燃弧率对弓网接触质量进行评价有一定的局限性。

因此在无法测量弓网接触力的情况下，可以测量弓网系统燃弧的次数与持续时间，并利用燃弧率对弓网接触质量进行评价。

九、车速、走行距离、跨距测量

速度是评价弓网关系优劣的一个关键参数。速度信号是整套检测装置的核心信号，如果没有速度信号，检测系统就会认为车辆没有移动，也不会启动检测程序。

在车辆轴头上安装一个 DF16 型光电编码器，编码器每转动一圈输出 200 个脉冲，也就是说每 200 个脉冲信号（车轮转动一周）对应的距离为车轮的一个周长。计算机可以根据累计的脉冲数计算出车辆走行的距离。每个定位点之间车辆走行的距离即为跨距。单位时间车辆行走的距离即为车辆运行的速度。

十、定位点位置检测

对于接触网参数检测结果，只有为其提供定位信息（坐标），才便于运营维护部门根据检测结果检调接触网。通常用线路接触网定位点的编号、运行的区间、检测日期、检测时间、千米标来确定检测结果的坐标。

在接触网线路原始数据库中，预先存入定位点、锚段关节、线岔的位置信息（里程）以及相邻定位点间距（跨距）。在检测过程中，检测车走行每通过一个定位点，安装在受电弓两侧的光电传感器便感应到一个定位器信号，输出一个定位信息，系统便可以结合线路原始数据库内跨距信息判断定位点。

车辆走行里程（千米标）通过 RS-485 总线从安装在检测室内的 TAX 箱读取。TAX 箱读取列车监控装置的速度、里程等信息，每隔 40 ms 向检测设备发送一次。

检测过程中，可在控制室和观察窗通过检测程序人工修正定位号，使中心计算机的数据库指针与被检测线路实际状况始终保持一致。

十一、环境温度测量

不同环境温度下的接触网状态不同，弓网参数检测结果应与当时的环境温度相对应。

环境温度通过安装在车厢外的温度传感器进行测量，在数据报表时将环境温度放在表头，以供参考。

十二、车体振动补偿测量

检测车在运行过程中会出现各种形式的振动，这些振动会使车体产生相对于线路中心线的水平位移和相对于轨面的垂直位移，导致接触线与受电弓之间的相对位置受到影响。弓网几何参数检测结果是动态值，而检调时人工测量的结果为静态值。动态检测结果与静态值之间的差，主要由车体振动所产生的垂直方向位移与水平方向位移引起。将车体振动位移量用一定的算法折算到受电弓上，再与动态检测结果叠加，就能得到弓网几何参数的静态值。

对车体振动补偿的测量是通过以下方法实现的：在检测车受电弓侧的两边轴头分别安装距离传感器，测量车辆走形过程中车体两侧振动量的差值。车体振动补偿装置如图 2-12 所示。

图 2-12　车体振动补偿装置

十三、时间和日期

接触网动态检测装置中的时间和日期,根据中心计算机系统时间在检测过程中自动记录。

第五节　影响接触网检测的关键因素

接触网动态检测的最终目的,是根据动态检测数据,判断出接触网设备存在的缺陷,分析接触网设备缺陷形成的原因,提出缺陷处理的指导性建议,确保接触网线路安全运行。这就对接触网检测数据的精确度提出了很高的要求。目前,在实际的接触网检测当中,通过接触网静态测量和上网维修检查来核对动态检测数据,发现接触网动态检测数据与实际仍然存在偏差,如:动态检测数据与静态测量数据偏差较大、定位不准确等。出现此类问题主要是因为检测装置本身的局限性和抗干扰能力、工务线路原因以及接触网检测环境等因素的影响造成。以下对影响接触网检测的关键因素进行分析。

一、环境因素

接触网本身是露天架设的无备用的设备,在正常情况下依靠支持和补偿装置来保持动态的平衡关系,既要求有一定的稳定性和牢固性,又要求有良好的弹性,确保良好的弓网关系。因此自然环境的变化,突出表现在温度和风力的变化,直接影响着接触网设备的安全运行,也直接影响接触网动态检测效果。

(一)温度

相对于接触网设计温度和设备安装时的温度,环境温度的升高或降低,改变着支持装置、补偿装置的运行状态和部分设备的几何参数,如:定位器和定位管的偏移、吊弦的偏移、腕臂偏移、承力索接触线弛度的变化等,进而改变着电分段、电分相、锚段关节、线岔等处所的运行状态,接触线的弛度变化,导致接触线高度和高差改变,这些变化都会影响接触网动态检测中坡度、接触压力和硬点的测量数值。

(二)风力

风力的变化,尤其是在风口地段,风力对接触网施加的力使线索产生摆动,对接触网动态检测中拉出值的检测影响较大,特大风力还会对接触网造成极大的破坏,如:支撑装置翻转、零部件松脱甚至断裂、接触线舞动等,都会严重影响行车和运输安全。

接触压力和离线与列车运行速度和受电弓运行方向关系很大,当电力机车受电弓闭口侧方向运行时,受空气动力影响,速度升高接触压力有减小的趋势,离线的概率增大;当电力机车受电弓开口侧方向运行时,受空气动力影响,速度升高接触压力有增大的趋势,离线的概率减小。当风向与列车运行方向一致时会增加这种趋势,同理方向相反时,会减少这种趋势。同样,风力也将影响硬点的值和受电弓对接触线的抬升量。

（三）雨雪雾等恶劣天气

接触网动态检测几何参数的测量主要是采用激光扫描法或机器视觉方法，接触网动态检测时若遇到大雨、大雪、大雾天气，这些装置对接触线的扫描或跟踪就会受到雨滴、雪花的影响而出现误触发、误判断，从而导致检测数据的偏差，严重时甚至无法正常工作。

二、工务线路原因

工务线路原因主要是线路施工造成轨道超高、轨道平面等发生变化，且没有及时通知供电设备管理单位对接触网设备进行相应的调整，或供电设备管理单位尚未将接触网设备完全调整到位，这些都会影响接触网动态检测数据的准确度。

三、机械振动

高速运营列车的受电弓会带给接触网整个系统巨大的振动传递，一方面作为测量对象的接触网线索和零件也会随之振动，造成状态不稳定或测量误差增大；另一方面，车载接触网检测设备的振动，包括受电弓的振动和车体的振动，这些振动常常造成传感器损坏、仪器插板接触不良，从而造成检测故障。

四、检测装置的局限性和抗干扰能力

接触网动态检测相对于其他专业如工务线路、车辆红外、电务信号等动态检测技术，具有以下特点：

（1）电磁环境恶劣。接触网存在电流大、谐波含量高、过电压冲击等特点，而各种传感器及数据采集微电子设备又直接工作在 27.5 kV 的电磁环境中，因此微电子设备受到的干扰较大，容易造成设备的电损伤。

（2）自然环境恶劣。各种传感器和部分检测设备安装在检测车车顶，露天日晒、风吹、雨淋，容易造成设备老化。

（3）近年来接触网动态检测技术发展迅猛，虽然检测原理大致相同，但生产研发单位较多，设备配置杂乱，检测方法又不尽相同。

这些特点本身就会影响接触网动态检测数据的精确度。无论是哪种测量装置，都使用了大量的传感器和微电子器件，一般来说，传感器测量的灵敏性都会受温度等外界环境因素的影响，而且越灵敏的传感器受到的影响越大。各种微电子器件也容易受温度的影响而导致性能变化。接触网检测装置一般是在野外使用，自然环境恶劣，而且由于列车运行速度快，在短时间内环境变化大，这些都会造成传感器和微电子器件的性能变化，从而影响接触网动态检测的精度。

接触网几何参数是以钢轨平面作为基准面来测量的，接触网动态检测的几何参数是以相对于车体位置检测的，这就需要安装车载补偿装置，以便在测量检测运行过程中对车体的位置进行补偿，并对检测结果进行补偿计算，将其还原成以钢轨平面为参考面的静态值。

检测车车载补偿装置也是影响接触网检测的关键因素。补偿措施要能够根据外界条件的具体情况而定，不能进行一次性的补偿，补偿量应该随着外界条件变化而变化。因此，补偿装置需要一个可靠的测量系统以获知外界条件对系统的影响。另外，补偿量不宜超过误差值，即不宜进行过补偿，一般采用欠补偿方式，以免因补偿而增大误差。补偿措施的可靠性也要高于检测系统，以保证补偿系统精度高于检测系统，这样才能达到提高测量精度的目的。

支柱定位信息测量的准确性也起着举足轻重的作用。在进行接触网动态检测时，首先必须输入各检测线路的基础数据库，包含每条线路的支柱号和对应的千米标，在对某条线路进行动态检测时，必须先调出对应的线路数据库，确定开始检测的支柱号或线路千米标，这样检测定位信息才能与数据库自动匹配。实际运行中，一旦该检测信号错位，则检测数据的实际位置就会发生错乱，就会出现检测数据定位信息与实际的支柱号或千米标不匹配的情况。在检测中出现支柱号或千米标错位的情况时，必须采用手动方式进行调整。另外，当检测车从一条线路过渡到另一条线路时，通常需要更换数据库，时间为 1~2 min。这意味着当检测列车速度高达 160 km/h 时，将有 2.5~5.0 km 的线路没有被检测而出现检测盲区。

五、检测人员的操作能力

检测人员的能力也是影响接触网检测的因素，主要体现在：
（1）日常加强对检测设备的维护保养和按照操作程序进行操作。
（2）接触网动态检测过程中，要具备初步甄别干扰和误判断数据的能力，剔除干扰和错误数据，确保检测数据的真实性。

随着科学技术的发展，更多的新技术、新设备会应用到接触网检测领域，也会出现更高精度、更准确的检测方法，更好地服务于接触网设备安全生产。

同时，我们要将接触网动态检测作为宏观控制接触网设备质量、指导接触网设备维护检修的重要方式，而不能作为唯一手段。要充分认识到接触网动态检测数据是进行接触网设备检修的重要依据，而不能过于强调动态检测与静态条件下测量数据的一致性，否则动态检测就丧失了真正意义。

第六节　接触网参数检测数据分析与评价

一、接触网参数检测数据分析与评价的意义

接触网参数检测数据的分析与评价是指导接触网设备维修的基础。通过分析与评价，对接触网设备是处于正常运行状态还是异常运行状态进行预测，如果识别出异常状态，就要对其原因、部件和危险程度进行诊断和评估，并研究决定修正和预防故障的措施。其目的在于减少维修次数，避免无效修理和盲目修理，并能在充分利用接触网设备的剩余寿命、减少对运营干扰的前提下，选择适宜的时间对接触网进行修理。

二、接触网参数检测数据分析

分析诊断是根据接触网检测结果，判断设备运行状态、判定缺陷等级，为维修提供依据。检测人员或检测装置发现异常信息及设备缺陷时，应立即分析引起异常信息的原因，研判设备缺陷对接触网运行产生的影响，诊断设备缺陷等级，查找问题原因并进行修理。

接触网参数检测数据分析的依据是设计值。通过对同一地点的连续测量的检测结果、不同参数检测结果及历次测量的检测结果变化对比等进行分析诊断，找出缺陷数据。

三、接触网参数检测数据评价

接触网参数检测数据评价的依据是弓网系统相关标准和设计文件，评价标准为设计值及其施工误差要求，最终的评价结果用来指导接触网设备维修。

根据检测结果，对设备的运行状态用标准值、警示值和限界值三种量值来界定。

标准值为标准状态目标值，一般根据设计值确定。

警示值为运行状态提示值，一般根据设备技术条件允许偏差来确定。

限界值为运行状态安全临界值，一般根据计算或运行实践来确定。

标准状态是设备最佳运行状态，一般根据施工允许偏差确定。

根据设备运行状态值，设备缺陷分为两级。

一级缺陷：达到或超出限界值。

二级缺陷：达到或超出警示值且在限界值以内的。

质量评价是通过对接触网动态几何参数、接触线平顺性参数、弓网受流性能参数等进行综合分析，掌握设备动态运行功能。

质量评价一般以正线千米为单元，根据每千米接触网扣分数进行评价。质量评价等级分为优良、合格、不合格三种。总扣分 $t<10$ 为优良，$10 \leqslant t < 40$ 为合格，$t \geqslant 40$ 为不合格。

区段质量评价根据区段内每千米接触网评价结果确定，优良、合格、不合格千米数为相同质量等级千米数之和。

优良率、合格率、不合格率分别按下列公式计算：

$$优良率 = \frac{优良设备数量（正线千米）}{设备评价总数量（正线千米）} \times 100\%$$

$$不合格率 = \frac{不合格设备数量（正线千米）}{设备评价总数量（正线千米）} \times 100\%$$

$$合格率 = 1 - 不合格率$$

四、接触网参数动态检测评价标准

列车运行速度在 200 km/h 以下的铁路定为普速铁路。高速铁路与普速铁路在接触网设备技术标准上有不同规定，评价标准也就不同，分别如表 2-2 及表 2-3 所示。

表 2-2 普速铁路接触网动态检测评价标准

项目		一级缺陷	扣分标准	二级缺陷	扣分标准	统计步长
接触网几何参数	接触线拉出值 a/mm	$a \geq 600$	40 分	$450 \leq a < 500$	5 分	跨
		$500 \leq a < 600$	10 分			
	接触线高度 H/mm	1. $H \geq 6\,600$	40 分	1. 标准值 +150 $\leq H <$ 标准值 +250	1 分	跨
		2. $H <$ 该区段允许的最低值				
		1. $6\,500 \leq H < 6\,600$	5 分	2. 标准值 −150 $\leq H <$ 标准值 −100		
		2. $H \geq$ 标准值 +250				
		3. $H <$ 标准值 −150				
接触线平顺性参数	硬点 A_v/m/s²	$A_v \geq 490$	5 分	$392 \leq A_v < 490$	1 分	跨
	一跨内高差 $2A$/mm	$2A \geq 200$	5 分	$150 \leq 2A < 200$	1 分	跨
弓网受流参数	弓网接触力 F/N 最大接触力 F_{max}	$F_{max} \geq 250$	5 分	$180 \leq F_{max} < 250$	1 分	跨
	最小接触力 F_{min}	$F_{min} < 20$	5 分	$20 \leq F_{min} < 40$	1 分	跨
	燃弧 最大燃弧时间 T_{max}/ms	$T_{max} \geq 100$	5 分	$50 \leq T_{max} < 100$	1 分	跨
	燃弧率 μ	$\mu \geq 5\%$	5 分	$1\% \leq \mu < 5\%$	1 分	千米
	燃弧次数 n/次	$n \geq 6$	5 分	$4 \leq n < 6$	1 分	千米
	接触线抬升量 ΔH/mm	$\Delta H \geq 150$	5 分	$120 \leq \Delta H < 150$	1 分	跨
网压	接触网电压 U/kV	1. $U > 29$	5 分	—		千米
		2. $U < 19$				

表 2-3 高速铁路接触网动态检测评价标准

项目			一级缺陷	扣分标准	二级缺陷	扣分标准	统计步长
接触网几何参数	接触线拉出值 a/mm		$a \geq 550$	40 分	$450 \leq a < 500$	5 分	跨
			$500 \leq a < 550$	10 分			
	接触线高度 H/mm		1. $H \geq 6\,600$ 2. $H <$ 该区段允许的最低值	40 分	1. 标准值 +100 $\leq H <$ 标准值 +150 2. 标准值 −100 $\leq H <$ 标准值 −50	1 分	跨
			1. $6\,500 \leq H < 6\,600$ 2. $H \geq$ 标准值 +150 3. $H <$ 标准值 −100	5 分			
接触线平顺性参数	硬点 A_v/(m/s²)	200~250 km/h	$A_v \geq 588$	5 分	$490 \leq A_v < 588$	1 分	跨
		300~350 km/h	$A_v \geq 686$	5 分	$588 \leq A_v < 686$	1 分	跨
	一跨内接触线高差 $2A$/mm		$2A \geq 150$	5 分	$100 \leq 2A < 150$	1 分	跨
弓网受流参数	弓网接触力 F/N	最大接触力 $F_{\max}$	200~250 km/h	$F_{\max} \geq 250$	5 分	$200 \leq F_{\max} < 250$	1 分	跨
			300~350 km/h	$F_{\max} \geq 300$	5 分	$250 \leq F_{\max} < 300$	1 分	跨
		最小接触力 $F_{\min}$	$F_{\min} < 20$	5 分	$20 \leq F_{\min} < 40$	1 分	跨
	燃弧	最大燃弧时间 $T_{\max}$/ms	$T_{\max} \geq 100$	5 分	$50 \leq T_{\max} < 100$	1 分	跨
		燃弧率 μ	$\mu \geq 5\%$	5 分	$1\% \leq \mu < 5\%$	1 分	千米
		燃弧次数 n/次	$n \geq 6$	5 分	$4 \leq n < 6$	1 分	千米
	接触线抬升量 ΔH/mm		$\Delta H \geq 120$	5 分	$80 \leq \Delta H < 120$	1 分	跨
网压	接触网电压 U/kV		$U > 29$ 或 $U < 19$	5 分	—		千米

习 题

2-1 受电弓的组成有哪些？技术参数如何？
2-2 弓网关系是什么？弓网系统的基本要求有哪些？
2-3 接触网的检测项目中哪些是属于几何参数检测类的？哪些是属于弓网关系类的？
2-4 影响接触网检测结果的因素有哪些？

第三章　接触网检测在设备管理单位的运用及管理

第一节　供电安全检测监测系统综合数据处理中心简介

供电安全检测监测系统综合数据处理中心是对 6C 系统各装置进行数据集中、信息共享并通过数据库进行综合分析的中央处理平台。

供电安全检测监测系统各装置必须遵照统一的 6C 系统通信协议及其定义的帧格式和数据编码，与 6C 系统综合数据处理中心通信。

供电安全检测监测系统综合数据处理中心有中国国家铁路集团有限公司（简称"国铁集团"）综合数据处理中心、铁路局集团公司综合数据处理中心和供电段综合数据处理中心三级管理构架，为整个供电安全检测监测系统提供数据处理、信息展示、数据交换的平台，完成对供电设备综合检测监测数据的集中存储和统计、数据融合和挖掘、预测预警以及应急指挥等功能，为调度管理及供电运营维护人员提供抢修、维修的作业依据。其构架图如图 3-1 所示。

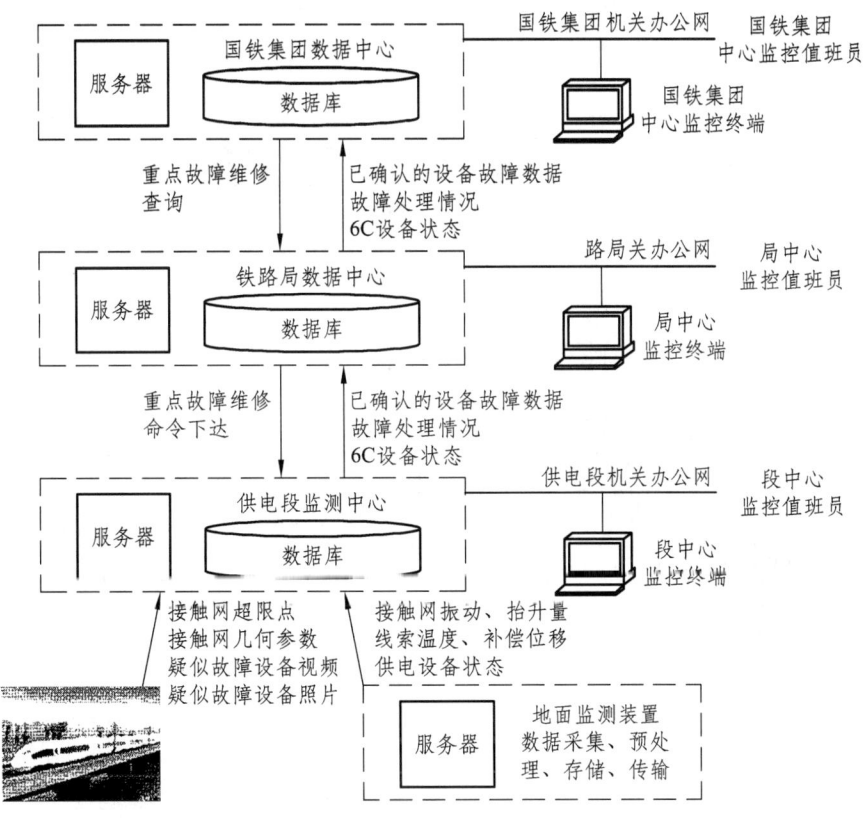

图 3-1　供电安全检测监测系统综合数据处理中心构架图

在国铁集团、各铁路局集团公司、供电段及车间设立用户终端，供电系统管理、维修人员通过终端上传与下载浏览各类检测监测数据，以满足不同层级供电部门对设备进行管理维修的需求。

供电安全检测监测系统综合数据处理中心主要功能由设置在国铁集团、各铁路局集团公司、供电段的数据处理中心完成。数据处理中心采用高可靠、高扩展、高开放的硬件平台和通用软件平台，完成对管辖范围内的所有数据的采集、处理、融合、分析挖掘，指导设备维修管理，保证供电设备安全。各级数据处理中心功能分别如下。

国铁集团数据处理中心主要功能：国铁集团范围内检测监测数据浏览、查询、统计；国铁集团范围内供电设备状态查询、管理；国铁集团范围内供电部门 6C 系统工作监督管理。

铁路局集团公司数据处理中心主要功能：铁路局集团公司范围内检测监测数据集中、汇总、存储；铁路局集团公司范围内供电设备状态诊断、查询；铁路局集团公司范围内检测监测数据浏览、查询、分析。

供电段数据处理中心主要功能：6C 系统各装置数据接收、故障诊断、存储；检测监测数据汇总、综合对比统计分析；供电设备状态诊断、维护及维修。

国铁集团及铁路局集团公司级 6C 综合数据处理中心构架图如图 3-2 所示。

供电段级 6C 综合数据处理中心构架图如图 3-3 所示。

铁路局集团公司与供电段业务特征示意图如图 3-4 所示。

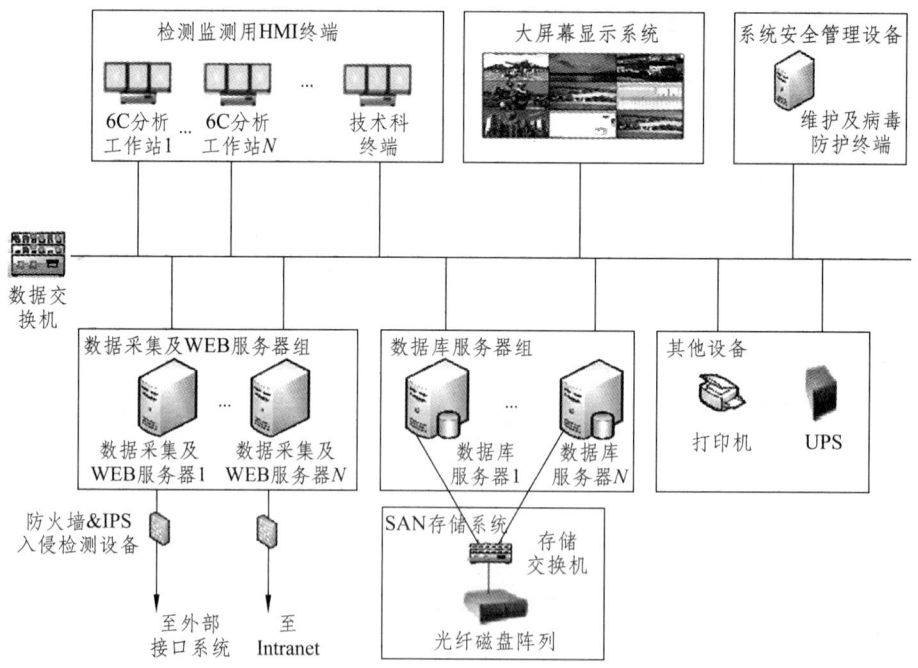

图 3-2　国铁集团及铁路局集团公司级 6C 综合数据处理中心架构图

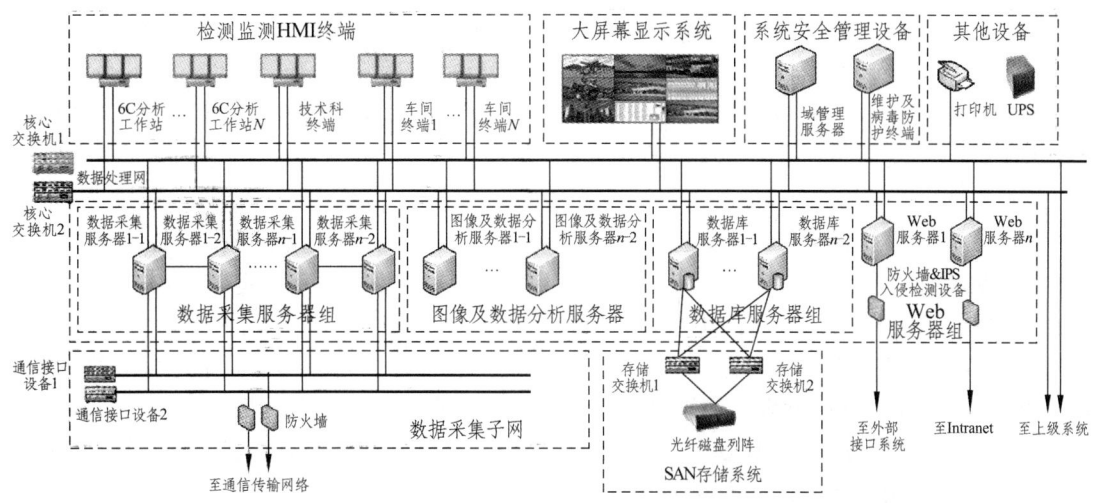

图 3-3 供电段级 6C 综合数据处理中心架构图

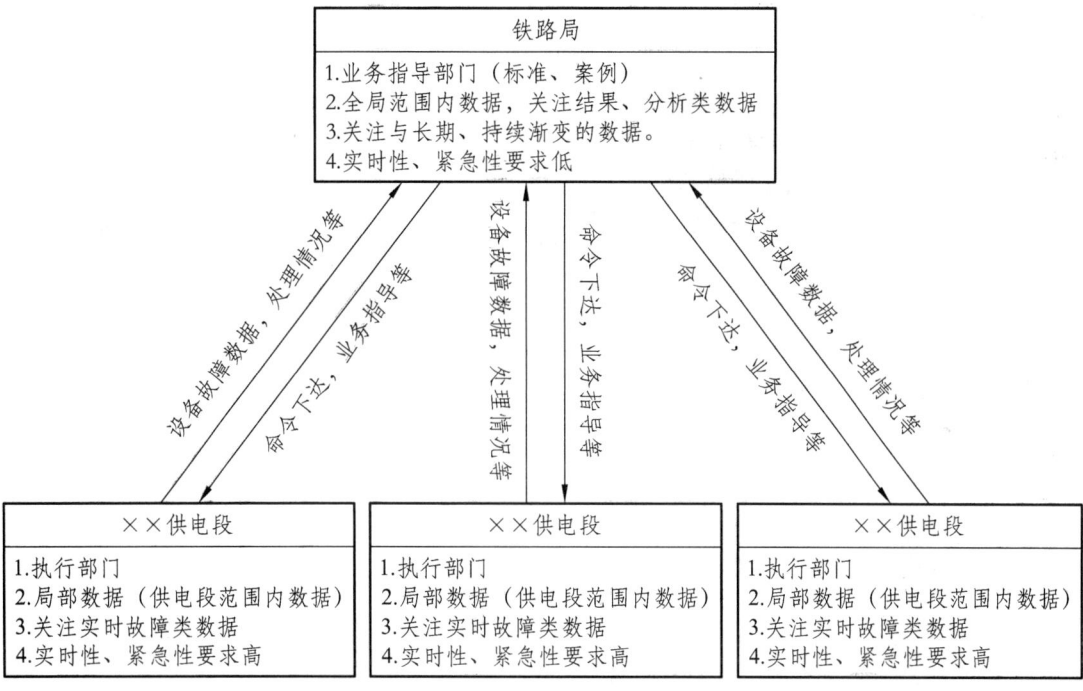

图 3-4 铁路局集团公司与供电段业务特征示意图

第二节　检测机构的设置及管理运用

接触网检测管理工作实行统一领导、分级管理的原则，充分发挥各级管理组织的作用，保证检测工作顺利开展。

检测机构分铁路总公司、铁路局集团公司、供电段、车间、班组五级管理机构。各级管理机构的职责分别如下。

国铁集团：负责全路 6C 系统管理工作，制定、批准 6C 系统有关标准、规范和规章，监督、检查、指导各铁路局集团公司和供电段 6C 系统工作开展情况。

铁路局集团公司：贯彻执行铁路总公司 6C 系统有关标准、规范和规章，组织制定本公司有关标准、制度和办法，制定供电段管理职责和范围，监督、检查、指导、协调供电段 6C 系统工作开展。

供电段：贯彻执行上级有关规章、标准和制度，补充制定 6C 系统相关管理标准、工作标准，制定检测、分析、维修作业指导书，制定检测计划并组织实施，定期检查、分析车间、班组 6C 系统工作开展情况，组织评比和考核。

检测车间：贯彻执行上级有关规章、标准和制度，负责供电段 6C 系统综合数据处理中心工作，以及供电段 6C 系统检测装置的维护、运用、管理和检测监测数据分析。

检测工区：贯彻执行上级有关规章、标准和制度，负责 6C 装置的运用、维护，并对 6C 系统检测监测数据进行分析，为设备维修提供依据。

习　题

3-1　安全检测监测系统综合数据处理中心由哪些部分组成？
3-2　铁路局集团公司、供电段业务特征如何？
3-3　检测工区的工作任务是什么？

第四章 6C系统技术要求及运用

第一节 6C系统简介

一、6C系统建设的背景

近年来，随着我国高速铁路的飞速发展，电气化铁路运营里程急剧增加，铁路运输模式的改变，对铁路牵引供电系统设备安全运行提出了更高的要求。加之目前从事电气化铁路运营管理的人员出现短缺且面临老龄化，传统的维修管理模式已日渐式微，因此急需利用先进的技术手段改变运营检修模式、提高工作效率、降低劳动强度。

为了确保高速铁路供电的安全性、可靠性，结合我国高速铁路供电设备的结构特点和供电设备的运营环境，就需要发展和构建多视觉、全方位、全覆盖的供电综合检测监测系统，基于此，2012年铁道部提出构建高速铁路供电安全检测监测系统（6C系统），同时普速铁路供电设备检测监测系统参照执行。

6C系统的技术性能和功能要充分考虑铁路供电设备运行检测和监测的需要，所采用的技术和设备应建立在现有成熟技术装备基础上，同时对已有的、分散的检测监测设备进行功能完善和技术集成，兼顾正在研发的技术装备，充分考虑技术发展的可能性，形成分层分布式结构，成为具有综合处理功能的安全检测与监控平台。

二、6C系统各装置的定义和功能

供电安全检测监测（6C）系统作为铁路供电系统的组成部分，是保障供电设备安全可靠运行的必要手段，是保证铁路运输安全畅通的重要技术装备。

供电安全检测监测（6C）系统主要包括：高速弓网综合检测装置（1C）、接触网安全巡检装置（2C）、车载接触网运行状态检测装置（3C）、接触网悬挂状态检测监测装置（4C）、受电弓滑板状态监测装置（5C）、接触网及供电设备地面监测装置（6C）和6C系统综合数据处理中心。6C系统组成如图4-1所示。

供电安全检测监测（6C）系统主要功能包括：对接触网悬挂参数和弓网运行参数的检测，对接触网悬挂、腕臂结构、附加线索和零部件的检测，对接触网参数的实时检测，对动车组（电力机车）受电弓滑板状态及接触网特殊断面和地点的实时监测，对接触网运行参数和供电设备参数的实时在线检测等。

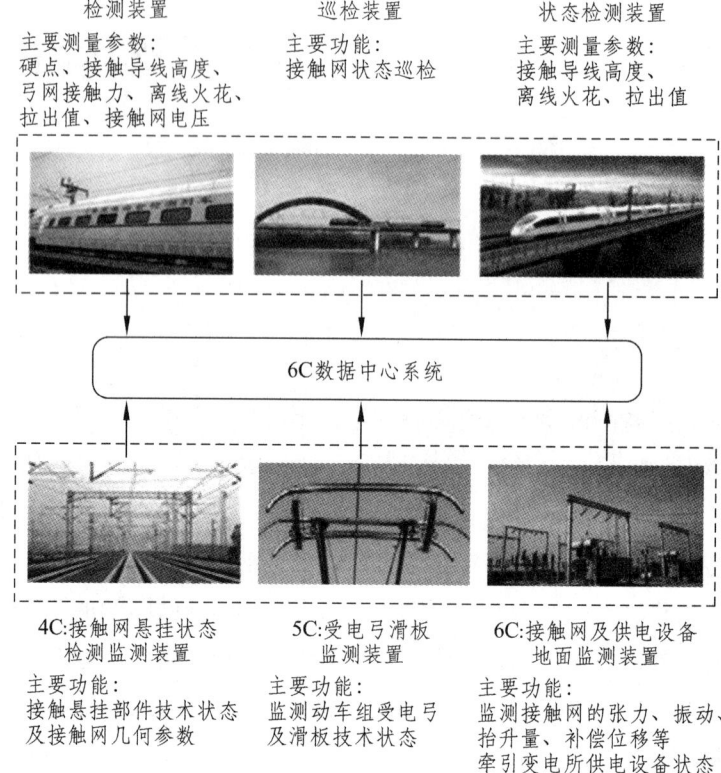

图 4-1　6C 系统组成

（一）弓网综合检测装置 CPCM

1C 装置是弓网综合检测装置，安装在高速综合检测列车或接触网检测车上，如图 4-2 所示。1C 装置可实现弓网运行状态（包括弓网接触力、动态接触线高度、动态拉出值、硬点、离线、接触网电压等）的实速检测。

图 4-2　弓网综合检测装置 CPCM

（二）接触网安全巡检装置 CCVM

2C 装置是指在运营动车组或机车司机室内临时架设的便携式视频采集设备，如图 4-3 所示。2C 装置取用动车组（机车）车载 220 V 交流电作为工作电源（装置功力不大于 100 W），对接触网状态及外部环境进行视频采集，采集结果用于指导接触网运行维护。

图 4-3　接触网安全巡检装置 CCVM

（三）车载接触网运行状态检测装置 CCLM

3C 装置是指加装在运营动车组（电力机车）上的车载接触网运行状态检测装置，如图 4-4 所示。3C 装置用于实时监测接触线动态几何参数、燃弧、温度等指标，实时发送超限预警信息。

图 4-4　车载接触网运行状态检测装置 CCLM

（四）接触网悬挂状态检测监测装置 CCHM

4C 装置是指安装在接触网综合检测车、接触网检修作业车上的接触网检测监测装置，如图 4-5 所示。4C 装置能够周期性地对接触网主要零部件、结构进行高分辨率成像，对接触网的技术状态及相关位置参数进行检测，在检测监测数据自动识别与人工分析的基础上，确认缺陷内容，指导接触网维修。

图 4-5 接触网悬挂状态检测监测装置 CCHM

（五）受电弓滑板监测装置 CPVM

5C 装置安装在局界、段界、出入库线等处所，实时监测受电弓滑板状态，有效锁定弓网故障范围。如图 4-6 所示。

5C 装置基于图像比对识别技术，对在线监测的动车车顶受电弓状态进行实时拍摄和故障识别。利用网络通道实时将图像传输给地面服务器，由地面服务器传至数据中心，人工进行分析，减少动车组（电力机车）断电人工登顶检查受电弓，以提高维修人员作业质量和作业效率，及时发现动车（电力机车）运用过程中的隐性故障，缩小设备故障的排查范围。

图 4-6 受电弓滑板监测装置 CPVM

（六）接触网及供电设备地面监测装置 CCGM

6C 装置是指在接触网的特殊断面（定位点、隧道出入口）及供电设备处设置的用于监测接触网及供电设备运行状态的地面监测装置，如图 4-7~图 4-9 所示。6C 装置用于监测接触网的张力、振动、抬升量、线索温度、补偿位移及供电设备的绝缘状态、电缆头温度等参数，指导接触网及供电设备维修。

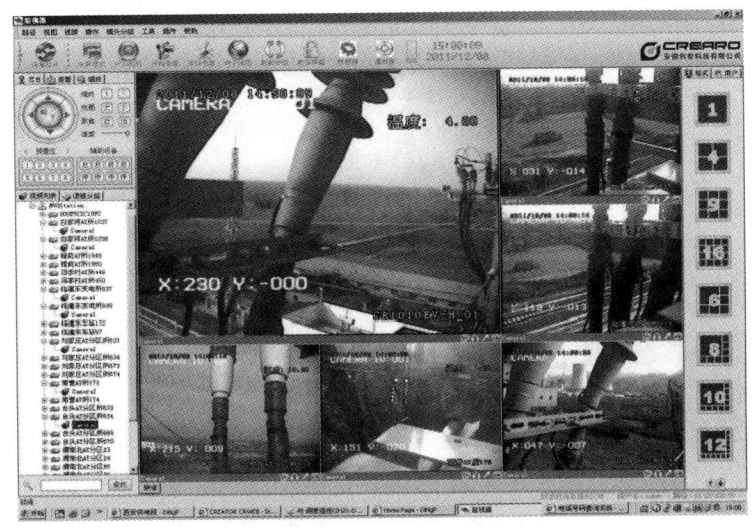

图 4-7　电缆头在线检测装置

图 4-8　绝缘子污秽在线监测装置

图 4-9　绝缘子污秽在线监测装置电源

（七）6C 系统综合数据处理中心

6C 系统综合数据处理中心是一个信息处理平台，主要用于提供检测计划、数据分析、缺陷下发、消缺闭环的检测监测工作的全流程管理；提供整合的数据采集、处理与展示平台，规避各个 6C 装置信息分散、操作不统一；实现检测监测数据集中存储、对比分析及趋势预测，为运营检修提供指导。

第二节　弓网综合检测装置（1C）

弓网综合检测装置由安装在高速综合检测车（动车组）上的固定测量装置和数据处理系

统两大部分组成，直接测量接触网的安全参数及弓网受流参数，测量参数包括硬点、接触线高度、弓网接触力、离线火花、接触线拉出值、接触线静态高度、动车组网侧电压和支柱定位等。其测量方法和检测设备安装既要充分考虑综合检测车的运行条件，同时又要适应接触网检修和受电弓检修的需要。

弓网综合检测装置中的固定测量装置由接触网几何参数测量系统、弓网受流参数测量系统、接触网网压网流测量系统和检测信息定位定标系统 4 个子系统组成。

数据处理系统则由高压侧电源装置、高低压侧信号的传输系统、数据采集系统和检测信息分析系统 4 个子系统组成。

一、发展历程

国内首次运用弓网检测技术来对接触网进行动态检测，是在国家"八五"工程重点项目——哈大（哈尔滨—大连）电气化铁路改造工程上引进了德国 Re200C 接触网系统，作为电气化工程的配套项目。该检测车装配在最高运行速度 160 km/h 的单节机车上，以接触压力作为主要评判指标，深入分析产生接触压力超限的原因，用以指导现场检修。此车以每季度为周期，对沈阳局管内接触网设备进行动态检测。

2002 年铁道部招标购置了 200 km/h 接触网检测车，该检测车车辆由中国南车四方机车车辆股份有限公司提供，接触式检测设备由美国 IMAGEMAP 公司提供，非接触式检测设备由德国 DB 公司提供。并于 2006 年 3 月 26 日至 2007 年 3 月 30 日期间在广深线分阶段对检测设备进行了 90 余次的静态调试和动态试验后，广铁集团以每季度为周期对包括广深线在内的局管内接触网设备进行抽查动态检测。

2008 年，中国铁道科学研究院（简称"铁科院"）研制成功我国首列用于 250 km/h 高铁的周期性检测高速综合检测列车——0 号高速综合检测列车（见图 4-10）。其中弓网受流参数检测系统采用接触式与非接触式结合，安装在 3 号、4 号和 6 号车。该车首次装配了从德国引进的基于 CCD 摄像机的非接触式检测系统，具备检测接触网几何状态的功能。该车内部还设计了检测、办公、休息、娱乐等专用区域。

2010 年，铁科院又研制首列 350 km/h 专用周期性检测高速综合检测列车。

图 4-10　高速综合检测列车——"黄医生"

二、综合测量技术

(一) 弓网接触压力检测技术

弓网接触压力指在工作状态下受电弓和接触网之间的相互作用力。弓网接触压力是弓网关系中极为重要的一个参数,它的大小决定着弓网的匹配程度,如果接触压力过大,会加大弓网之间的摩擦损耗,缩短弓网的使用寿命,极端情况下甚至会发生打弓事故。如果接触压力过小,在受电弓高速运行的过程中会发生短暂的离线现象,会在弓网间拉出电弧,灼伤接触线和受电弓滑板。接触线和这样的作用力不是由一个单一的静态力来决定的,而是由多个力相互作用而成。所以弓网接触压力检测就显得尤为重要。

为了弄明白弓网接触压力的形成,有必要先了解受电弓的组成。SSS4000+型的受电弓组成如图 4-11 所示,图 4-12 是受电弓的压力分解图。

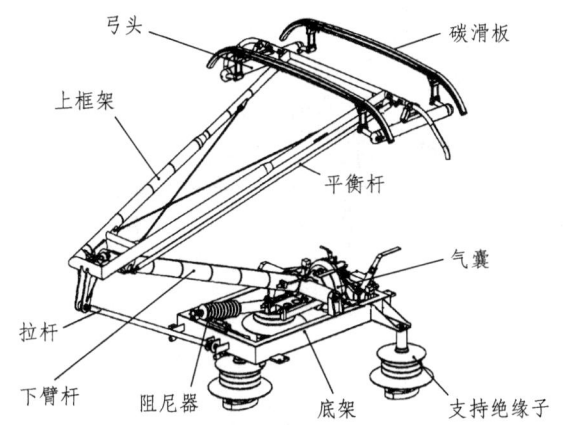

图 4-11　SSS400+型受电弓组成

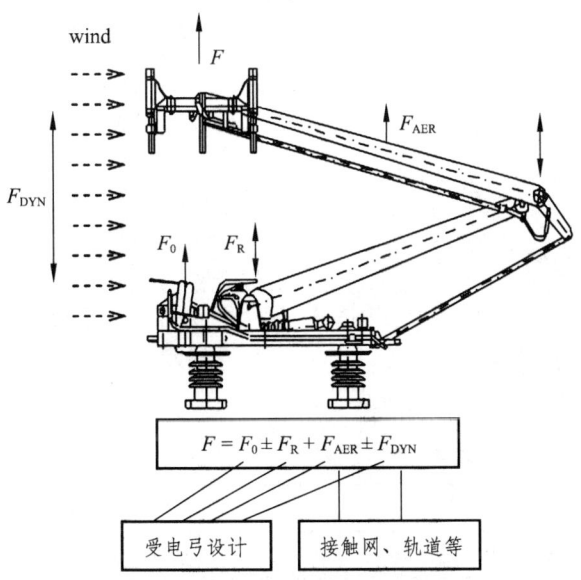

图 4-12　受电弓压力分解图

图 4-12 中，各力的含义如下：

力 F——弓网接触压力，即受电弓与接触网之间的接触压力；

F_0——静态接触压力，即停车时传动机构使受电弓作用到接触网上的力；

F_R——摩擦力，即关节间摩擦产生的力，与弓头运行方向相反；

F_{AER}——空气动力分力，即气流对受电弓的抬升力；

F_{DYN}——动态分力，即由垂直振动引起的惯性力。

弓网接触压力检测原理如图 4-13 所示，它是通过对受电弓进行改造，在两个滑板底部安装传感器，通过测量接触线对滑板的反作用力得到弓网接触压力的。静止状态下，弓网接触压力 F 为滑板和接触线的接触压力；动态情况下，还需要对加速度引起的惯性力和空气动力进行修正。

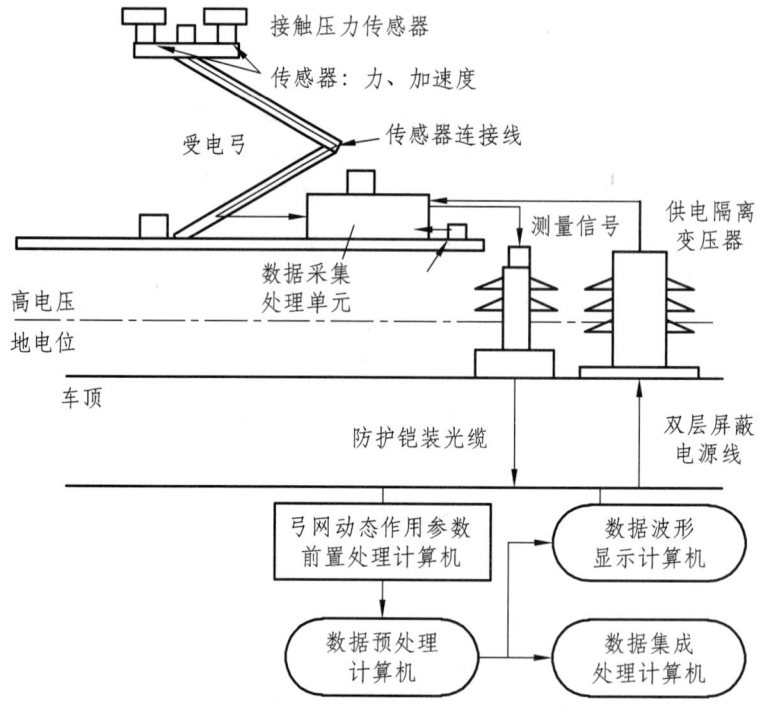

图 4-13 弓网接触压力检测原理图

（二）接触线高度测量技术

接触线高度是指接触线所在平面到钢轨轨平面之间的垂直距离，又称导高。它的大小代表着机车及其受电弓可通过的竖直高度。其中还具有最小接触线导高、标称接触线导高和最大接触线导高等概念。接触线高度测量参数标准如表 4-1 所示。

表 4-1 接触线高度测量参数标准

	DB AG	SNCF	CRH
基础限界（扩大的-德国铁路法）/mm	4 800		4 800
动态包络线的 GC 车辆限界/mm		4 700	
电气绝缘距离/mm	215	220	350

表 4-1　接触线高度测量参数标准

	DB AG	SNCF	CRH
安装误差/mm	30	30	
接触线向下的运动/mm	55	50	
额外负载（如冰等）产生的弛度/mm	90	80	
在线路坡度小于12‰的情况下的腕臂运动/mm	10		
最小接触线高度/mm	5 200	5 080	5 150
对于维修所引起的轨道高度变化的储备/mm	1 00		
标称接触线高度/mm	5 300	5 080	5 300

接触线高度测量原理：在受电弓底座转动轴上安装角位移传感器（见图 4-14），测量受电弓的工作升高高度，然后再加上车体高度，即为接触线高度。

图 4-14　角位移传感器

角位移传感器转动的角度直接对应着接触线的高度。比如：角度 1 为 5 100 mm，角度 2 为 5 200 mm，角度 3 为 5 300 mm……一直到角度 N 为 6 800 mm。

（三）离线火花检测技术

"电接触"是研究导体与导体接触过渡区中的物理现象、化学现象的一个专门学科。弓网系统的电接触分三类：固定接触、滑动接触、可分合接触。

固定接触会产生接触电阻、接触温升、接触熔焊；

滑动接触会产生接触电阻、接触温升、接触熔焊、摩擦磨损、润滑；

可分合接触会产生接触电阻、接触温升、接触熔焊、电火花、电弧。

所以能发生离线火花的只有可分合电接触这种形式。当受电弓滑板与接触线从分离到接触或从接触到分离时，如果能满足一定的条件，滑板与接触线之间便会产生电弧或其他放电现象。在滑板与接触线的间隙中通常会产生一团温度极高、发出强光和能够导电的近似圆柱形的气体，这就是电弧。如果产生电弧的最小电流小于一定数值，则开断时只能产生为时极短的弧光放电，通常称为电火花。

无论产生的是电弧还是电火花，都具有高温、高亮、高压的特性，滑板和接触线的热量也会向周围介质传递，当输入热量大于输出热量时，滑板和接触线的温度才会升高，并且只有温度达到一定程度时，滑板和接触线的表面才会发生熔化和气化。所以，在设备运行时出现离线火花，往往代表着接触线或受电弓有被灼伤的危险。电火花与电弧是造成滑板和接触线电气磨损的主要原因，这种电气磨损包括气化蒸发和液体喷溅两种形式。电弧及强劲电火花引起的电气磨损日积月累，会导致接触线表面坑坑洼洼。

火花测量原理：采用紫外光电管感应火花产生时伴随的高亮度的光照的强弱变化，通过光电效应把火花产生的光信号转换为可采集处理的电信号。

火花测量时使用的紫外线相机如图4-15所示。图4-16所示为受电弓燃弧及接触线发热时的情形。

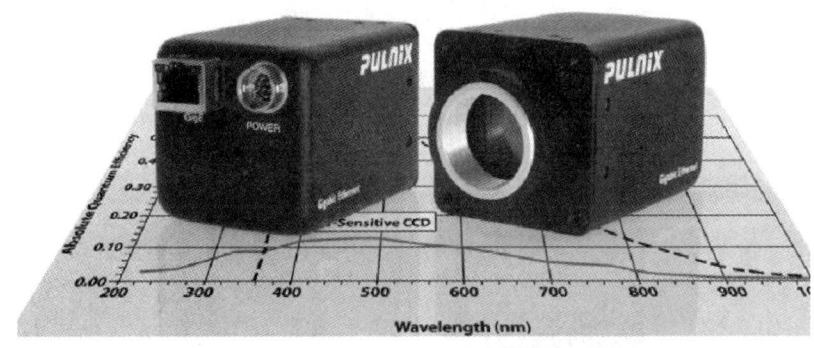

图4-15 紫外线相机

图4-16 受电弓燃弧及接触线发热图

（四）拉出值测量技术

拉出值真实地反映了列车运行中导线在受电弓上的实际位置，因此是评价安全的重要参数。它既影响着受电弓能否均匀磨耗达到预计使用寿命，又影响着受电弓能否顺利、安全地在接触线上滑动取流。但由于检修是在静态下进行的，为供电段提供消除列车振动影响的拉出值作为检修参考是非常必要的。事实上，检测数据表明，静态拉出值与动态拉出值可相差

100 mm 以上，所以拉出值的测量只能以动态参数为标准。

动态拉出值的测量采用的是非接触式检测，就是不在受电弓上安装传感器，而是通过激光扫描仪或者图像处理等方法来实现对接触网空间几何位置参数的测量。

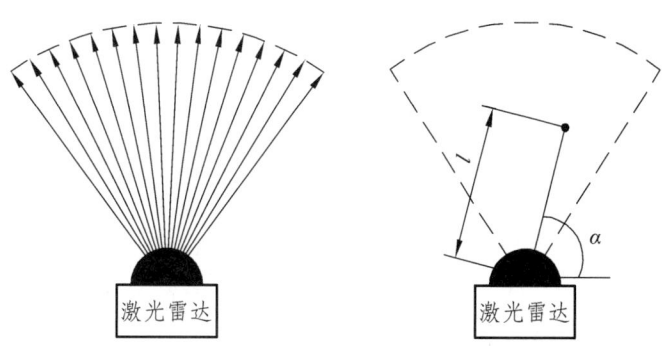

图 4-17　激光扫描法

激光扫描法的原理如图 4-17 所示，是通过激光雷达将激光打在空间中的被测定位点上，在已知激光射线长度 l 和发射角度 α 时，利用三角形公式 $a = l\cos\alpha$ 即可得到拉出值 a。

图像处理法是利用线阵摄像机三角形测量技术来实现。使用四台线阵摄像机，对接触线进行捕捉成像，根据接触线在各个摄像机的成像位置，计算出接触线的横向位置和纵向位置。

假设已知此位置上的工作支和非工作支精确的拉出值和导高，则可将像素坐标换算成实际空间坐标，在实际标定中采用高精度标定设备进行标定。当实际测得的坐标数据与标定数据不符时，可用空间坐标推算得出具体拉出值 a。接触线空间坐标数据如图 4-18 所示。

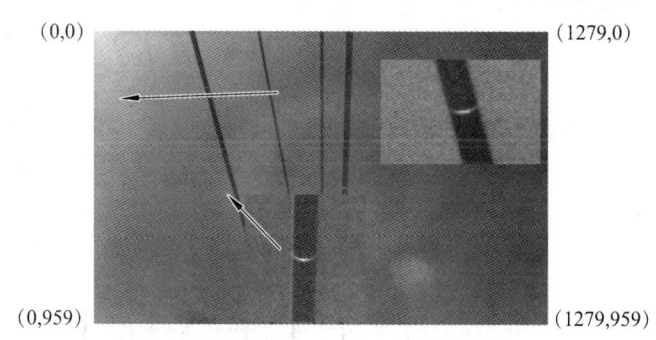

图 4-18　接触线空间坐标数据

（五）硬点检测技术

电力机车在运行中，机车受电弓与接触线接触力的变化是非常复杂的，通常我们称引起机车受电弓与接触线的接触力突然变化的地点为接触硬点，统称为硬点，接触网上引起接触力突然变化的地点为接触网硬点。

导致接触网硬点的主要原因有以下几个方面：

（1）设计原因。由于绝缘锚段关节处和分相绝缘锚段关节采用的特型定位器，定位器重量较重且集中，引起定位处的弹性降低；元件式分相、分段接头处，电连接线夹处，隔离开关、避雷器及上网的电连接重量较重且集中，从而引起受电弓的接触力突变，造成较大冲击硬点。

（2）材质原因。采用的合金接触导线晶粒不均匀，导线内部存在应力，在张力作用下形成波浪弯，接触导线在制造或缠盘过程中形成硬点。

（3）施工原因。接触导线在放线过程中没有采用恒张力放线、没有按照施工工艺放线，导致形成硬点；在接触网安装调整中人员登踩接触导线、作业车升降平台直接顶抬接触导线，从而产生硬点。

（4）供电原因。接触网定位线夹、吊弦线夹、电连接线夹、接头线夹、中心锚结线夹偏斜；定位坡度偏大（偏小）处所，定位器止钉间隙不标准，弹性较差（无法正常抬高）；局部导线坡度变化大（跨线桥、隧道口等处所接触导线高度变化剧烈引起接触线坡度较大），定位点间、吊弦点间高差超标，吊弦受力不均匀或某一吊弦受力较大，形成硬点。

（5）其他原因。工务线路路基（特别是桥头处、隧道口处、路堑和路堤连接处、钢轨接头处、道床翻浆处、三角坑处）以及抬拨道引起接触网参数变化，线路晃车造成检测出硬点。

硬点是接触悬挂弹性不均质状态的统称。接触悬挂在硬点处的弹性出现极小值。列车运行时，弓网在硬点部位可能会出现有别于其他地方的升高或降低，弓网间的接触压力、振动速度、振动加速度会出现有别于其他地方的变化，而且速度越高，变化越明显，这样的突然变化引起系统的瞬态变化过程称为冲击。

冲击过程可能是单次的、多次的或复合的，但每次持续时间比较短暂（突变）。这样的冲击会对整个接触网的稳定性和持久性造成巨大影响，例如受到冲击的接触网会发生沿线路的震荡，震荡带动设备产生位移最终导致其空间几何参数发生改变；硬点处的冲击会加大硬点处的磨耗，易导致断线事故。

硬点检测是采用加速度计这一非常灵敏的振动测量元件来实现的，其监测原理如图4-19所示。当受电弓滑板受到冲击时，它可以准确灵敏地反应。在测量中，采集加速度的最大值。一条线路的硬点按最大值进行评价。

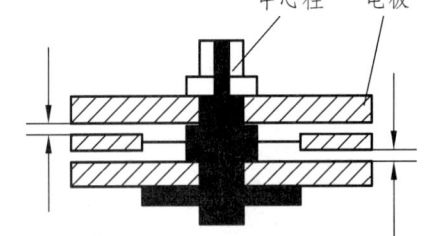

图4-19　硬点检测原理示意图

在电力机车正常运行情况下，若不考虑电力机车加速或减速引起的加速度，与接触网滑动接触的受电弓相对于接触网接近匀速状态，当受电弓遭到接触网上的硬点打击后，瞬间受到一个很大的水平冲击力，匀速运动被破坏，同时产生与冲击力大小成正比的加速度，加速度的方向与受到的冲击力的方向一致。受电弓在经过短时的不平稳运行后恢复到遭受冲击前的匀速运行状态，加速度的值也振荡衰减直至变为零。可见，受电弓的加速度与所受冲击有关，也就是说硬点是造成受电弓加速度突变的主要因素，即受电弓加速度突变处就是接触网硬点所在位置，检测受电弓的加速度就可确定受电弓所受冲击的大小及对受电弓的影响程度。具体的设计思路是运用4枚应变片贴在滑板弹簧上，在滑板弹簧上安装重锤，它随着外部强制力（加速度）的作用，把力波及滑板弹簧，滑板弹簧变形传到应变片，使应变片的阻抗发生变化，4枚应变片连成全桥电路，桥路电压为AC2 V，输出电压随加速度呈线性变化，把加速度传感器安装在检测车模拟受电弓滑板上，它的输出信号就能反映受电弓滑板加速度的变化。

通过上述原理，检测设备可以由加速度传感器、高压部放大变换回路、光通信装置和低压部放大变换回路、数据控制与处理装置、系统补偿和数据输出这几部分组成。

(六)定位器坡度检测技术

定位器是接触网定位装置中的关键功能部件,它对电力机车能否安全提速和高速运行起着至关重要的作用。计算机视觉技术具有测量结果直观、便于存档等优点,有助于降低铁路维护成本,提高铁路服务质量和安全性。其原理是首先在图像采集的基础上采用计算机算法对拍摄到的图像序列进行图像预处理;然后对序列图像中的接触网定位器进行提取识别以及角点检测;接着选用匹配算法对检测线程后的图像中检测到的角点进行匹配分析;在匹配角点的基础上,利用基于仿射不变性的直线匹配算法,对各幅图像中的直线进行匹配,以获取图像序列中各图像直线的夹角,实现定位器坡度的自动动态测量;最后给出计算实例,验证所提出算法的有效性。

定位器坡度检测流程如图 4-20 所示。

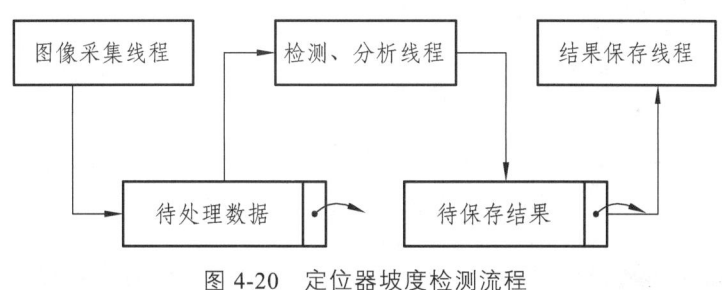

图 4-20 定位器坡度检测流程

定位器坡度校对图如图 4-21 所示。

图 4-21 定位器坡度校对图

定位器坡度测量软件分析如图 4-22 所示。

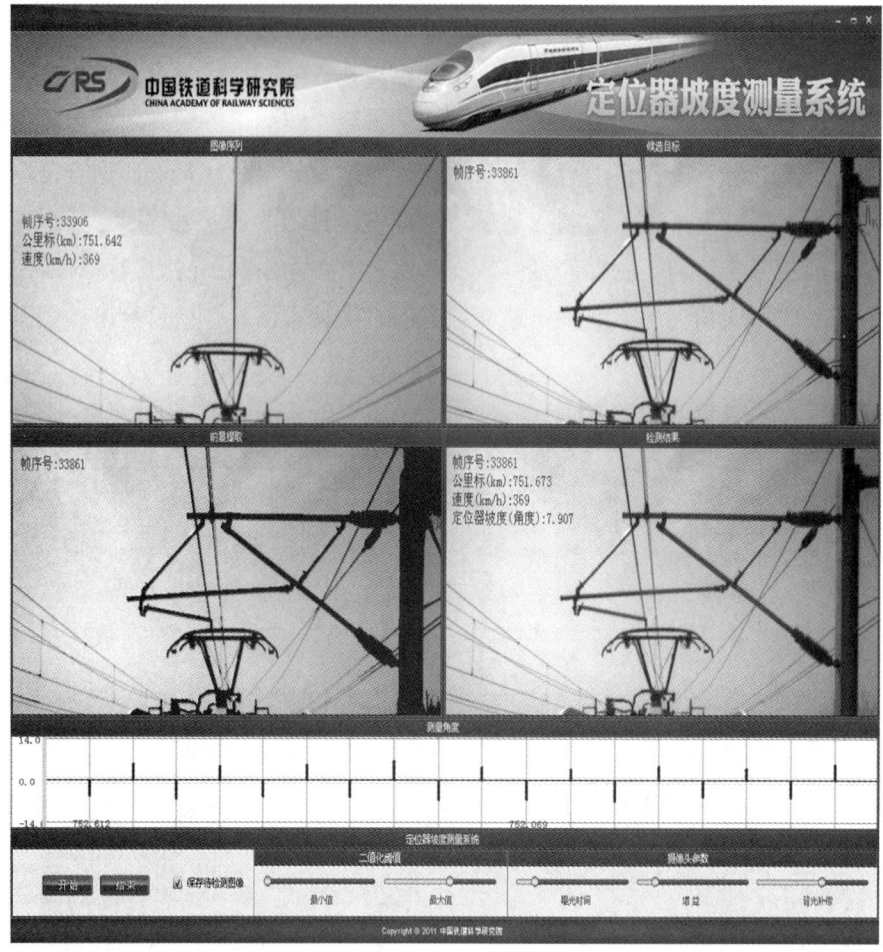

图 4-22　定位器坡度测量软件分析

（七）接触网电压检测技术

接触网电压是通过安装在车顶的电压互感器来测量的。将受电弓取得的交流 27.5 kV 电压通过电压互感器转换成交流 100 V，再由交-直流变换器变为可被数据处理设备采集的直流 5 V 电压输出，如图 4-23 所示。

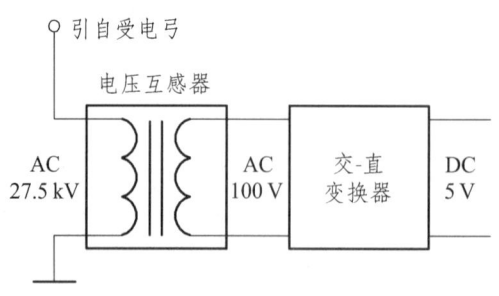

图 4-23　接触网电压检测原理

三、弓网综合检测装置（1C）技术要求

1．工作条件

（1）接触网：悬挂形式为全补偿简单链形悬挂、全补偿弹性链形悬挂；接触线材质为铜或铜合金接触线；接触网标称电压为 AC 25 kV。

（2）检测方式：接触网带电条件下连续检测。

（3）工作环境温度：车外部分为 −25～+70 ℃，车内部分为 0～+50 ℃，特殊情况可由用户与制造商另行商定。

（4）全天候条件下正常工作。

2．检测速度

与装置所安装的综合检测列车运行速度相适应。

3．检测参数

检测参数包括：接触线高度、拉出值、硬点、弓网接触力、燃弧、接触线间水平距离、接触线间垂直距离、接触网电压、动（机）车组网侧电流、定位器坡度、定位点（支柱）、跨距。

4．技术指标

（1）装置测量技术指标如表 4-2 所示。

表 4-2　装置测量技术指标

序号	检测参数	测量范围	分辨率	最大允许误差
1	接触线高度	5 000～7 000 mm	1 mm	±10 mm
2	拉出值	±625 mm	1 mm	±10 mm
3	硬点	0～980 m/s^2	10 m/s^2	1%
4	弓网接触力	0～500 N	1 N	±5 N
5	燃弧	0～500 ms	2 ms	5%
6	接触线间水平距离	0～800 mm	1 mm	20 mm
7	接触线间垂直距离	0～500 mm	1 mm	20 mm
8	接触网电压	0～31.5 kV	10 V	±50 V
9	动车组网侧电流	0～1000 A	1 A	±10 A
10	定位器坡度	0～20°	0.1°	±0.5°
11	支柱定位	—	—	1%
12	速度	0～400 km/h	0.1 km/h	0.1 km/h
13	跨距	0～80 m	0.1 m	1%
14	里程	0～10 000 km	0.1 m	50 m

（2）供电电源要求：装置供电电源等级为 AC 220 V/50 Hz，自身带有 UPS 稳压设备，具有供电保护功能，内部发生电路故障时不应对供电电源产生影响。

(3)弓网视频监控技术指标:弓网视频监控分辨率不低于1024×1024,帧率不低于100fps。

5. 结果输出

(1)格式:文件名称按6C系统要求定义;数据库和数据接口应符合6C系统的约定。

(2)数据容量:装置应提供不小于50 000 km线路检测图像与数据的存储空间。

6. 可靠性

连续无故障工作时间应不小于48 h,连续无故障工作里程应不小于10 000 km。

7. 结构及机械性能

(1)外观:外观应整洁,无明显划痕。

(2)外壳防护性能:车内设备达到GB 4208规定的IP50等级要求;车外设备达到GB 4208规定的IP67等级要求。

(3)振动及冲击性能:振动及冲击试验后,受试设备应无损坏和紧固件松动、脱落现象,通电后功能应符合要求。

8. 安全性能

(1)绝缘电阻:检测设备各电气回路对地绝缘电阻和各电气回路之间的绝缘电阻要求如表4-3所示。

表4-3 绝缘电阻要求

额定电压/V	绝缘电阻要求/MΩ		测试电压/V
	正常条件	湿热条件	
$U \leqslant 60$	≥5	≥1	250
$U > 60$	≥5	≥1	500

(2)冲击电压:依据GB/T 21413.1相关要求,经6 kV冲击电压试验后,检测装置存储的数据应无变化,功能和性能仍符合要求。

(3)绝缘强度:检测装置的绝缘强度应符合表4-4的要求。

表4-4 绝缘强度要求

额定电压/V	试验电压有效值/V
$U \leqslant 60$	500
$60 < U \leqslant 125$	1 000
$125 < U \leqslant 250$	2 000
$250 < U \leqslant 400$	2 500

9. 气候防护性能

(1)耐高温性能:检测装置在高温环境下功能和性能应符合要求。

（2）耐低温性能：检测装置在低温环境下功能和性能应符合要求。
（3）交变湿热性能：检测装置在交变湿热环境下功能和性能应符合要求。
（4）低温存放性能：检测装置在低温存放后功能和性能应符合要求。

10. 电磁兼容性（EMC）

（1）射频骚扰试验应满足 GB/T 25119—2010 规定。
（2）静电放电试验应满足 GB/T 25119—2010 的 12.2.6.4 和 GB/T 17626.2 规定。
（3）射频抗干扰度试验应满足 GB/T 25119—2010 规定。
（4）电快速瞬变脉冲群试验应满足 GB/T 25119—2010 的 12.2.7 和 GB/T 17626.4 规定。
（5）浪涌试验应满足 GB/T 25119—2010 的 12.2.6.2 和 GB/T 17626.5 规定。
（6）高压绝缘试验应满足 GB/T 16927.1—1997 规定，对用于高低压信号隔离的信号传输装置或光纤以及隔离变压器进行试验，试验结束后，装置无异常现象，能正常工作。

11. 高压绝缘性能

安装在车顶设备上用于高低压信号隔离的信号传输装置或光纤，以及高压侧设备和传感器供电的隔离变压器必须符合以下要求：

（1）爬电距离满足 TB 10621—2009 中"绝缘爬电距离不应小于 1400 mm"的要求。
（2）绝缘性能满足 TB/T 3185—2007 附录 A 的要求。
（3）局部放电性能、工频耐压性能、雷电冲击性能满足 GB/16927.1-1997 的要求。
（4）高压设备满足 TB/T 2007—1997 中规定的特重污区的运行环境要求。

五、弓网综合检测装置（1C）运用管理

1. 适用范围

弓网综合检测装置（1C）适用于电气化铁路接触网的综合检测。

2. 配置标准

每个铁路局集团公司配置 1 台。

3. 装置使用

（1）使用部门：高速综合检测列车上的 1C 装置由基础设施检测中心负责维护使用；各铁路局集团公司接触网综合检测车上的 1C 装置由各铁路局集团公司供电检测主管部门负责维护使用。

（2）检测周期管理：高速综合检测列车对运营高速铁路和提速干线接触网每 10 天 1 个周期进行检测，铁路局集团公司接触网综合检测车对管内其余线路接触网设备的检测次数每季度不少于 1 次。

（3）检测添乘制度：1C 装置检测运行时，各铁路局集团公司需组织专业技术人员添乘检测列车。添乘人员携带供电专业相关技术资料配合检测工作，负责添乘区段的接触网检测数据初步确认与下载。在添乘过程中，添乘人员遇有接触网停电、网压不稳、打碰弓、接触网异常等紧急情况时，应立即通知相邻车站值班员或铁路局集团公司供电调度员按规定进行处理。

第三节　接触网安全巡检装置（2C）

现阶段接触网检测主要是对接触线几何参数进行检测，而针对接触网零部件损坏、障碍物侵入限界、各种标识是否完整等现场工况，则主要依赖人工定期巡视检查。

人工巡视是接触网工区的例行化工作，通常是在车载巡线或分区段巡查过程中，通过接触网工人进行人工视觉检查，接触网工人每隔三个月周期，会在断电情况下爬上每个支柱对定位器等关键部件进行维护。人工巡视和登杆维护这种方式存在以下严重不足：

（1）人眼一般难以发现接触网支持装置的细微缺陷，此方式完全依赖于工人观察的细致度和责任心。

（2）随着接触网设备数量的逐年增多，职工劳动强度巨大。

（3）巡视和维护间隙期间突发事故无法监测。

（4）随着列车运行速度的提高，具有一定的人身安全隐患。

现行作业于高铁线路的巡视中，"添乘动车组巡视"项目的重点是：接触网设备有无明显的松、脱、断情况；有无因塌方、落石、山洪水害、爆破作业、鸟窝及其他周边环境因素等危及接触网供电的现象；有无侵入限界、妨碍机车车辆运行的障碍等。"添乘动车组巡视"由于在列车高速运行动态下依靠专业技术人员的人工观察和经验判断，而在高速行车状态中人眼观察能力有限，因此迫切需要一些辅助设备帮助监测人员提高巡视效率。

一、接触网安全巡检装置的作用

接触网安全巡检装置是指为了完成指定区段的接触网状态检测而采用的便携式视频采集装置和机器视觉技术。接触网安全巡检装置可辅助监测人员在动车组的巡视工作，其特点是无须线路断电，增加了巡检的密度，避免了人工巡视的遗漏性，提高了每次巡线检查的效率和回溯性。接触网安全巡检装置临时安装于运行动车组的司机台上，对接触网的状态进行视频采集，用于判断接触网设备的松脱、断裂及异物侵入等情况，并可下线后进行视频回放观察和一定的机器智能识别，对每次巡视的接触网技术状态进行有效判定，事后统计分析接触悬挂部件技术状态。

接触网安全巡检装置包括高清摄像机、照明设备、图像处理设备等，如图4-24所示。

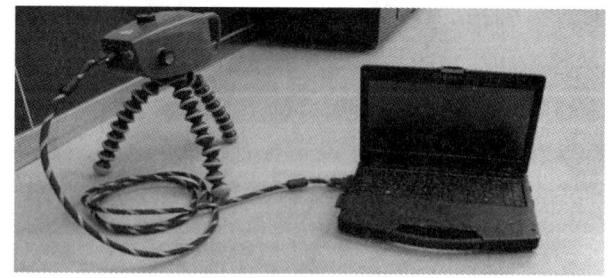

图 4-24　2C 装置组成

接触网安全巡检装置采用高清摄像机在动车组上记录行车沿线接触网设施的全景，对接触网的关键区域进行采集并能输出高清图片。全景视频画面应达到高清标准，覆盖行车沿线接触网设施；成像图片的清晰度应能分辨定位器区域零部件的松动、脱落、裂损等故障现象。成像图片采用 JPEG 压缩编码标准压缩，图像分辨率不低于 1024×1024。接触网安全巡检装置应能适应线路上隧道、桥梁、弯道情况，在轨道超高区段依然对定位器区域成像；在无强烈雨雪、能见度良好的天气条件下可靠工作。

2C 装置的投入使用，将极大地提高接触网巡视作业的质量和效率，并能及时发现隐患，以便通过有效地维护和检修，保证接触网设备的安全运行。

接触网安全巡检装置能对指定区段接触网进行图像采集，以便统计分析接触网的技术状态。其基本功能如下：

（1）接触悬挂、支持装置、附加悬挂等高清图像采集；
（2）能有效判断接触网设备有无脱落、断裂等异常情况；
（3）能有效判断危及接触网供电设备安全运行的环境因素；
（4）能有效判断侵入接触网限界并妨碍列车运行的障碍或异物；
（5）准确定位接触网支柱（或吊柱）的位置；
（6）具备高清图像输出、图像处理、图像定位功能；
（7）记录所发现的缺陷及其对应的千米标和（或）支柱号等定位信息，提供分类汇总报告；
（8）形成一杆一档的图片数据库，能对同一位置的历史巡检结果进行对比分析。

具体参见图 4-25～图 4-33。

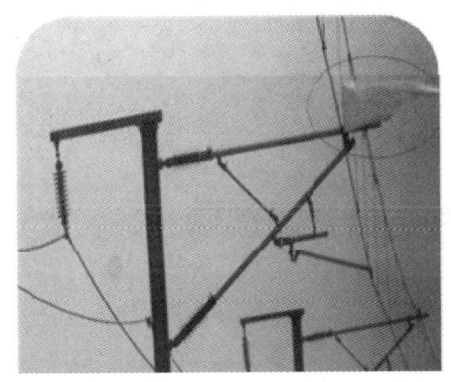

图 4-25　异物

图 4-26　铭牌脱落

图 4-27　管帽缺失

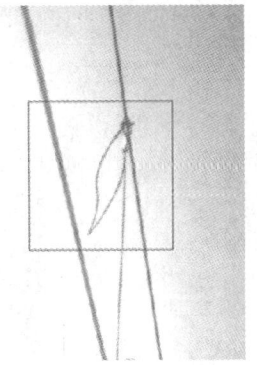

图 4-28　吊弦载流环较大

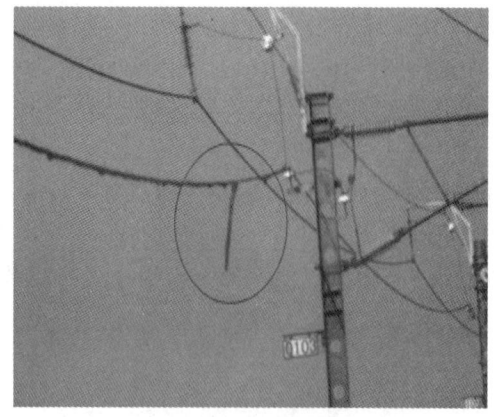 

图 4-29 绝缘护套脱落　　　　图 4-30 不明线索下垂

图 4-31 树枝　　　　图 4-32 鸟窝

图 4-33 2C 装置软件分析图

二、2C 装置的工作原理

2C 装置主要包括图像实时采集系统和图像分析系统两部分。

图像实时采集系统采用高速高清摄像机对接触网悬挂区域及定位装置全景进行全程视频记录；采集到的高清图像数据由车内的高性能便携式计算机进行存储，以实现人机交互界面，实时显示相关的图像和定位信息。

图像分析系统提供专用巡线图像信息管理软件，能够对巡线视频和图像进行查阅，支持图像局部放大和图片转存功能，显示图片所属杆号等定位信息；具备查询功能，能够通过输入杆号、站区，直接跳转到该定位图片进行显示。

2C 装置的功能实现过程如图 4-34 所示。

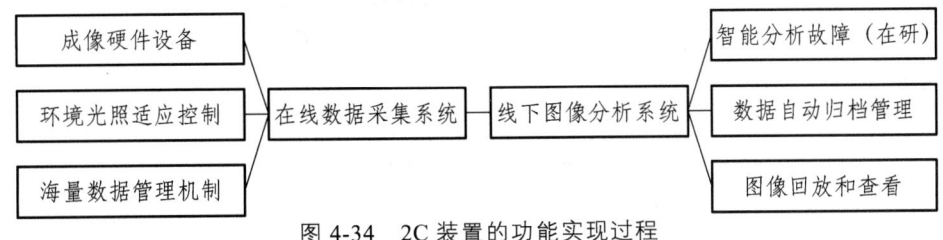

图 4-34 2C 装置的功能实现过程

（一）2C 装置的硬件组成

接触网安全巡检装置（2C）的成像硬件设备为便携式设计，由高清成像相机组、同步控制模块、电源管理模块、高性能计算机平台、人机交互设备、GPS 模块、设备线缆组成，如图 4-35 所示；其系统软件主要实现巡视过程中的图像采集、压缩、存储等控制功能以及人机交互功能。

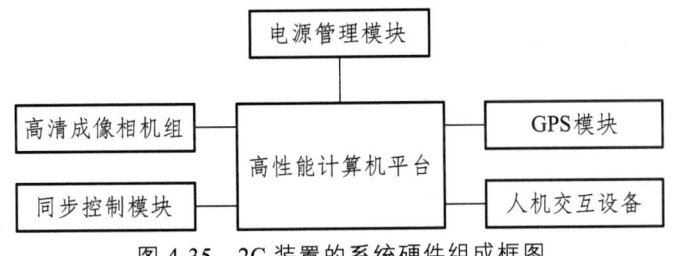

图 4-35 2C 装置的系统硬件组成框图

1. 高清成像相机组

高清成像相机组采用两个高清工业相机，分别对行车前方接触网全景和关键区域拍摄，全景成像达到 200 万像素分辨率（1620×1220 像素），彩色图像易于分辨供电设施周边安全；关键区域成像达到 500 万像素级（2448×2050 像素），可分辨定位装置脱、断缺陷。

2. 同步控制模块

同步控制模块采用嵌入触发控制电路，实现两个高清相机拍摄的精确同步，达到两个相机拍摄场景的时刻误差不超过 1 ms，在 350 km/h 的速度下拍摄外部场景距离误差不超过 1 m，使得所摄全景图像与关键区域图像严格对应。

3. 电源管理模块

整机设备以列车所配备的 220 V 电源为输入，电源管理模块将 220 V 电压转换为设备前端各组件及便携式计算机可用的电压并为其供电。电源管理模块还具备临时备用电源功能，能够在过分相处列车临时断电区间提供 10 min 临时供电功能。

4. 高性能计算机平台

高性能计算机平台采用的计算机设计成便携的背包形式，能够灵活转移；其 CPU 性能、内存大小符合系统功能需要。

5. 线缆

主要包括整机电源线、前端设备数据传输线。

（二）2C 装置的软件组成

接触网安全巡检装置的系统软件功能框图如图 4-36 所示。从软件功能上可划分为：实时成像采集控制模块、成像信息融合与存储模块、图像处理模块、专用巡线图像信息管理模块。

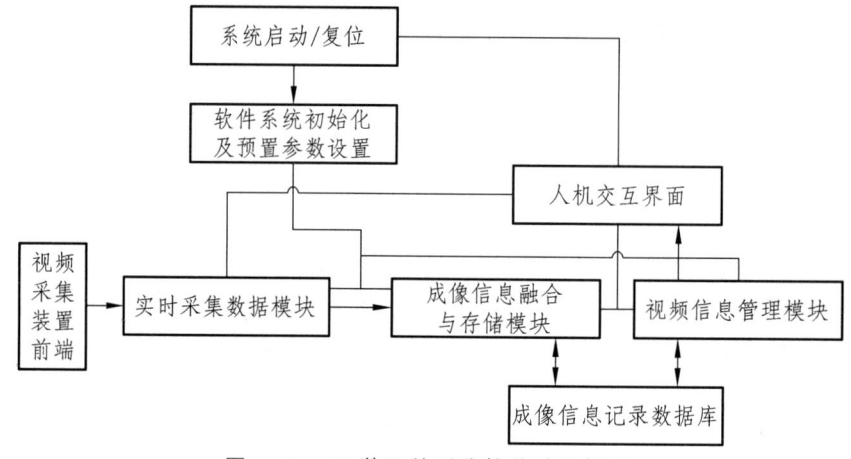

图 4-36　2C 装置的系统软件功能框图

1. 实时成像采集控制模块

主要功能：对拍摄目标区域的高速相机进行初始化和参数设置管理，在运行过程中实时监控各相机状态，在每次杆位时刻获取拍摄的图像数据和巡视功能下的全景视频数据并实时显示在界面中，在后台进行图像数据的压缩处理。

2. 成像信息融合与存储模块

主要功能：将实时获取的行车定位信息与高速相机获取的图像数据构成实时对应的映射关系，形成统一的记录，将图像数据和定位信息合并存入自定义的数据库中。

3. 图像处理模块

主要功能：对图片数据进行去雾、去光斑、杆号识别，并能将杆号数据与图片信息相关联，方便后期定位查询。

4. 专用巡线图像信息管理模块

主要功能：对自定义数据库中的巡线图像记录进行管理；支持图像局部放大和图片转存功能，显示所属站区、杆号、千米标等定位信息；具备查询功能，能够通过站区、杆号的选择输入，直接跳转到该定位图片进行显示。

（三）2C 装置的安装

2C 装置临时安装于动车组司机驾驶室，作为添乘动车组巡视的辅助设备，不对动车本身构成威胁隐患，对驾驶人员安全操作无影响。其安装步骤如下：

（1）在司机室合适位置放置计算机存储设备与视频采集装置。
（2）连接计算机存储设备与视频采集装置的线缆。
（3）连接计算机存储设备的电源。
（4）按下计算机存储设备启动按钮，启动计算机。
（5）等待计算机存储设备启动完全结束后，启动视频采集装置的电源按钮。
（6）打开实时巡查图像显示与采集软件，点击"开始"按钮，系统就会进行实时图像的采集与保存工作。
（7）结束采集时点击"退出"按钮，系统将结束采集工作并退出软件。

三、接触网安全巡检装置（2C）的技术要求

1. 适用条件

（1）海拔高度不超过 2 500 m，特殊情况可由用户与制造商另行商定。
（2）装置工作环境温度为 -25 ~ +45 ℃；根据装置的布置与通风方式，用户与制造商可以另行商定装置的工作环境温度范围；装置允许在 -40 ~ +70 ℃ 环境温度下存放。
（3）装置应能承受使用时的冲击和振动而无损坏和失效。
（4）最湿月月平均最大相对湿度不大于 95%。
（5）无强烈雨、雪、雾、霾且能见度良好的天气条件下能够正常工作。
（6）装置自带电源且能够由动车组或机车插座取电，自带电源应能够连续工作不低于 3h。
（7）装置应适合单人携带与安装操作。

2. 巡检速度

2C 装置的巡检速度与巡检线路的动车组、电力机车或其他轨道车辆的运营速度相适应，最高速度为 350 km/h。

3. 技术指标

1）供电电源要求

装置自备电源，也可以从动车组或电力机车上取电。装置供电电源等级为 AC 220 V/50 Hz，功率不大于 300 W；装置自身带有电源稳压设备，具有供电保护功能，内部发生电路故障时不应对供电电源产生影响。

2）高清成像

（1）成像范围和分辨率：
① 成像范围：巡检线路的接触网设施及相关周边环境。
② 分辨率：装置全景图像分辨率不低于 1024×1024，接触网关键区域（包括接触悬挂、支持装置、附加悬挂等）图像分辨率不低于 2048×2048。

③ 采集帧率：装置的采集帧率可根据所运用线路速度等级进行调整，最高采集帧率不低于 17 帧/秒。

（2）成像要求：

① 记录沿线接触网设施的全景图像，并同时记录接触网关键区域（包括接触悬挂、支持装置、附加悬挂等）设备的高清图像。

② 成像图片的清晰度能够分辨零部件的脱落、断裂等缺陷。

③ 能对成像设备的拍摄角度进行调整，以适应不同线路接触网设备的成像要求，并能对成像设备的工作情况进行监控。

3）图像处理

（1）满足基本功能要求：接触悬挂、支持装置、附加悬挂等高清图像采集；能有效判断接触网设备有无脱落、断裂等异常情况；能有效判断危及接触网供电设备安全运行的环境因素；能有效判断侵入接触网限界并妨碍列车运行的障碍或异物；准确定位接触网支柱（或吊柱）的位置；具备高清图像输出、图像处理、图像定位功能；记录所发现的缺陷及其相对应的千米标或支柱号等定位信息，提供分类汇总报告；形成一杆一档的图片数据库，能对同一位置的历史巡检结果进行比对分析。

（2）能够以线路千米标和支柱号为依据进行数据回放和检索。

（3）具备对采集数据进行播放、暂停、快进、快退、放大、缩小和进度条控制等功能。

（4）提供故障标注界面，用户可以在故障确认及处理时进行录入。

4. 结果输出

（1）输出格式：文件名称按 6C 系统要求定义；图像采用 JPEG 格式保存；数据库和数据接口符合 6C 系统约定；数据文件应能够按里程、支柱号进行分割存储。

（2）数据容量：装置应提供不小于 5 000 km 线路检测图像与数据的存储空间。

5. 可靠性

连续无故障工作时间应不少于 24 h，连续无故障工作里程应不小于 5 000 km。

6. 结构及机械性能

（1）外观：外观应整洁，无明显划痕。

（2）外壳防护性能：达到 GB 4208 规定的 IP50 等级要求。

（3）振动及冲击性能：振动及冲击试验后，受试装置应无损坏和紧固件松动、脱落现象，通电后功能应符合要求。

7. 安全性能

（1）绝缘电阻装置各电气回路对地的绝缘电阻和各电气回路之间的绝缘电阻要求如表 4-5 所示。

表 4-5 绝缘电阻要求

额定电压/V	绝缘电阻要求/MΩ		测试电压/V
	正常条件	湿热条件	
$U \leq 60$	≥5	≥1	250
$U > 60$	≥5	≥1	500

（2）冲击电压：依据 GB/T 21413.1 相关要求，经 6 kV 冲击电压试验后，装置存储的数据应无变化，功能和性能仍符合要求。

（3）绝缘强度：装置的绝缘强度应符合表 4-6 的要求。

表 4-6　绝缘强度要求

额定电压/V	试验电压有效值/V
$U \leqslant 60$	500
$60 < U \leqslant 125$	1 000
$125 < U \leqslant 250$	2 000
$250 < U \leqslant 400$	2 500

8. 气候防护性能

（1）耐高温性能：在高温环境下功能和性能应符合要求。

（2）耐低温性能：在低温环境下功能和性能应符合要求。

（3）交变湿热性能：在交变湿热环境下功能和性能应符合要求。

（4）低温存放性能：在低温存放后功能和性能应符合要求。

9. 电磁兼容性（EMC）

（1）射频骚扰试验应满足 GB/T 25119—2010 规定。

（2）静电放电试验应满足 GB/T 25119—2010 的 12.2.6.4 和 GB/T 17626.2 规定。

（3）射频抗干扰度试验应满足 GB/T 25119—2010 规定。

（4）电快速瞬变脉冲群试验应满足 GB/T 25119—2010 的 12.2.7 和 GB/T 17626.4 规定。

（5）浪涌试验应满足 GB/T 25119—2010 的 12.2.6.2 和 GB/T 17626.5 规定。

（6）高压绝缘试验应满足 GB/T 16927.1—1997 规定，对用于高低压信号隔离的信号传输装置或光纤以及隔离变压器进行试验，试验结束后，装置无异常现象，能正常工作。

四、接触网安全巡检装置（2C）运用管理

1. 适用范围

接触网安全巡检装置（2C）适用于电气化铁路接触网视频监测巡视。

2. 配置标准

每个供电段运营里程每 150 千米配置 1 台 2C 装置。

3. 装置使用

1）使用部门

2C 装置配属在供电段，检测车间、检测工区专业检测人员负责管理使用。

2）监测周期管理

2C 装置运用实行周期监测与重点监测相结合的原则。

周期监测：对管内接触网设备进行周期性巡视检查，高铁线路每周不少于 1 次，普速线路每 10 天不少于 1 次。

重点监测：根据季节性设备变化、周边环境、跳闸及故障信息、天气异常等情况安排的专门巡视检查。

3）监测添乘制度

供电检测人员按规定携带相关证件进站、登乘动车组（或机车）司机室，设备安装前征得动车组（或机车）司机、随车机械师同意，设备运行时须有供电人员在现场监控。巡检中发现危及行车安全的问题时，检测人员应立即通知相邻车站值班员或铁路局集团公司供电调度员按规定进行处理，并采取相应措施确保列车运行安全。

第四节　车载接触网运行状态检测装置（3C）

随着我国铁路大提速以及高速铁路和客运专线的发展，接触网在电气化铁路中所占的地位越来越重要，提高接触网的运行可靠性成为了铁路安全运输的重要环节。为了保证接触网具有良好的安全状态及弓网间的良好受流性能，对接触网—受电弓进行检测和随时掌握接触网参数的状态就变得非常重要。

传统的接触网弓网检测是采用接触网检测车定期对铁路接触网弓网系统进行检测。随着列车运行速度的提高及行车密度的增大，对接触网及受电弓安全运行的要求越来越高，对接触网的检测和维修要求也不断提高。在列车运行中，不可能在列车上加挂接触网检测装置。因此，迫切需要能在列车上实时检测接触网和受电弓运行状态的装置，在列车运行过程中测试和评价弓网的受流性能，为接触网和受电弓的性能优化提供实际线路试验数据，为运营部门提供维修依据。车载接触网运行状态检测装置便在这种状况下应运而生。

车载接触网运行状态检测装置如图4-37所示，它加装在运营的动车组上，可以实现高铁接触网状态的动态检测。

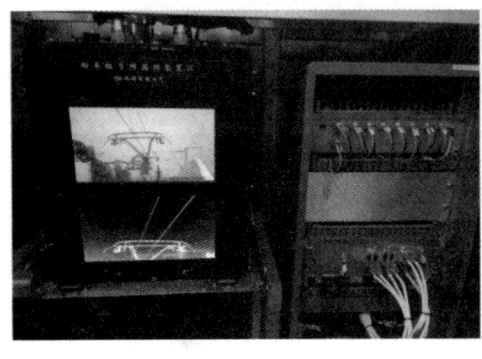

图4-37　车载接触网运行状态检测装置

温度是常见的物理量，它的高低反映着物体热平衡条件下的冷热程度。接触网的温度对线路接触网本身来讲有巨大的影响。牵引电流有着波动大、幅值高的特点，而铜合金质地的接触线上会产生大量的热量，热量本身会增加接触线的温度，造成接触线导电能力下降，甚至引发接触线灼伤或断线事故。所以对于接触网温度的检测同样非常重要。

温度的测量方式有接触式和非接触式两种，其测量范围和精度如表4-7所示。

表 4-7 温度测量参数

测温方法	温度传感器	测温范围/℃	精度/%
接触式	热电偶	−200~1 800	0.2~1.0
	热电阻	−50~300	0.1~0.5
非接触式	红外测温	−50~3 300	1

接触网运行时带有高电压、大电流，因此对其温度进行检测只能采用非接触式的测量方法。红外温度仪因具有使用方便、反应速度快、灵敏度高、测温范围广、可实现在线非接触连续测量等众多优点，正逐步地得以推广应用。

一、红外线测量的原理

红外线的波长为 0.76~100 μm，红外线按波长的范围可分为近红外线、中红外线、远红外线、极远红外线四类，它在电磁波连续频谱中的位置处于无线电波与可见光之间的区域，如图 4-38 所示。红外线辐射是自然界存在的一种最为广泛的电磁波辐射，它是基于任何物体在常规环境下都会产生自身的分子和原子的无规则运动，并不停地辐射出热红外能量，分子和原子的运动越剧烈，辐射的能量越大，反之，辐射的能量越小。温度在绝对零度以上的物体，都会因自身的分子运动而辐射出红外线。通过红外探测器将物体辐射的功率信号转换成电信号后，成像装置的输出信号就可以完全一一对应地模拟扫描物体表面温度的空间分布，经电子系统处理，传至显示屏上，得到与物体表面热分布相应的热像图。应用这一方法，便能实现对目标进行远距离热状态图像成像和测温并进行分析判断。

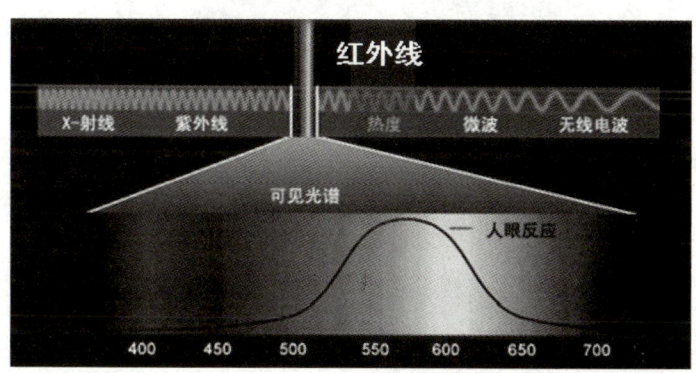

图 4-38 光波波长

随着温度的升高，物体的辐射能量增强。这是红外辐射理论的出发点，也是单波段红外测温的设计依据。

随着温度的升高，辐射峰值向短波方向移动，所以高温测温仪工作在短波处，而低温测温仪工作在长波处。

辐射能量随温度的变化率，短波处比长波处大，即短波处工作的测温仪相对信噪比高（灵敏度高），抗干扰性强。测温仪应尽量选择工作在峰值波长处，特别是低温小目标的情况下，这一点显得尤为重要。

二、3C 装置的系统组成

动车组车载接触网运行状态检测装置（以下简称"检测装置"）是加装于运营动车组上，实现对接触网温度变化、动态几何参数超标和弓网受流状态异常的动态监测的装置。其系统组成如图 4-39～图 4-43 所示。

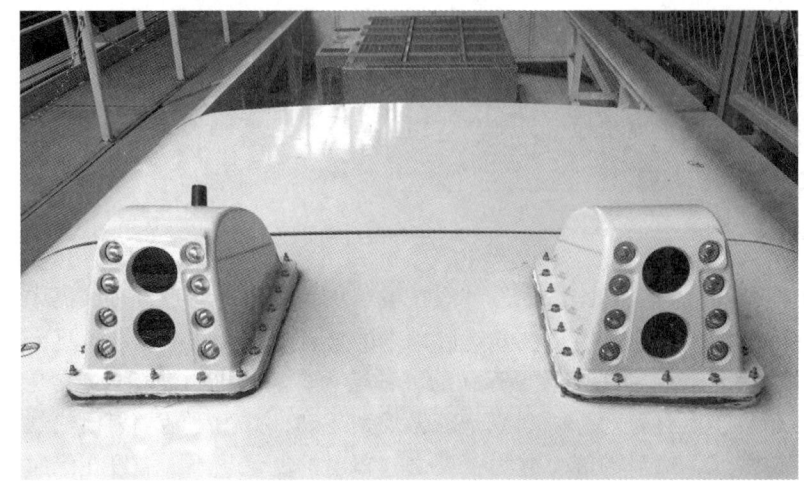

图 4-39　3C 检测装置外观图像采集

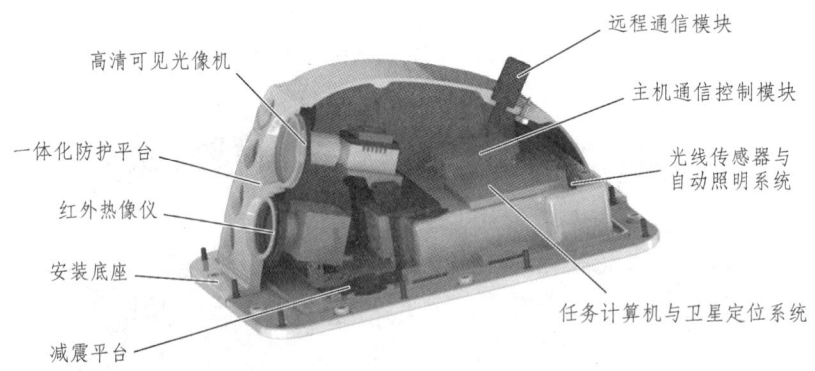

图 4-40　3C 检测装置系统组成

检测装置采用红外成像技术、高清视频技术、图像处理技术、模式识别技术、传感器技术，实现非接触式实时检测受电弓及接触网运行的温度分布，在线分析接触网运行状态下的几何参数，及时发现弓网缺陷及故障隐患等信息；采用综合定位技术对缺陷进行准确定位；通过无线通信技术进行远程监测和缺陷报警。检测装置利用同步触发技术实现可见光相机、红外相机、全景相机、辅助相机、GPS 信息的数据同步；同时进行补光灯开关控制，既保证了夜间及隧道内相机图像清晰，又有效地实现节能降耗，延长补光灯寿命。检测装置实时对车辆位置进行精准定位：将目前军品上最成熟的惯性导航技术引入 3C 设备定位系统中，同时融入了移动网络基站定位、GPS 定位、北斗导航系统定位，对惯导定位信息进行实时校准，另外也接入了车载 EAOS 数据辅助定位车辆位置信息，以保证定位信息的准确无误。检测装置使用高清、高速红外热成像技术对接触网以及绝缘子等设备进行检测。

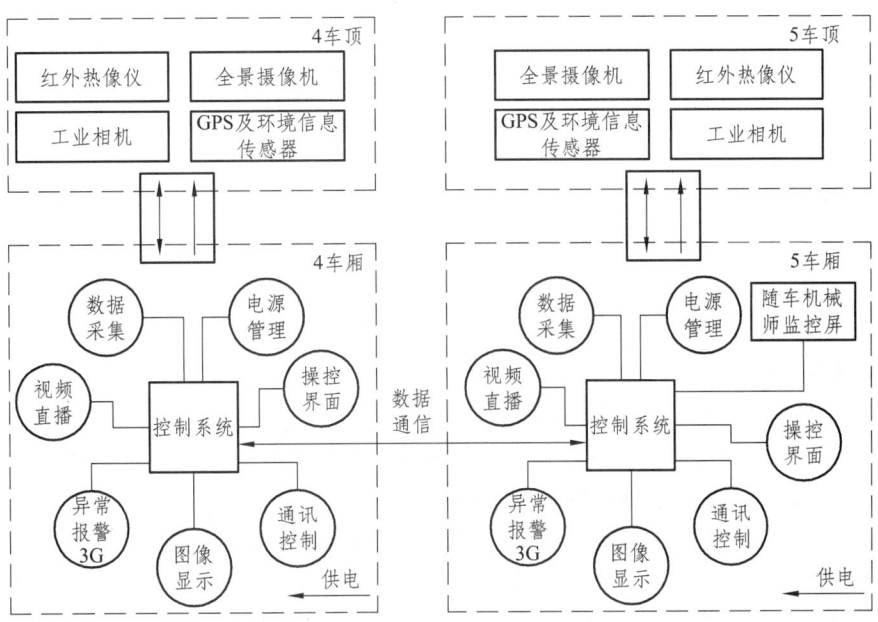

图 4-41　3C 装置的系统结构关系

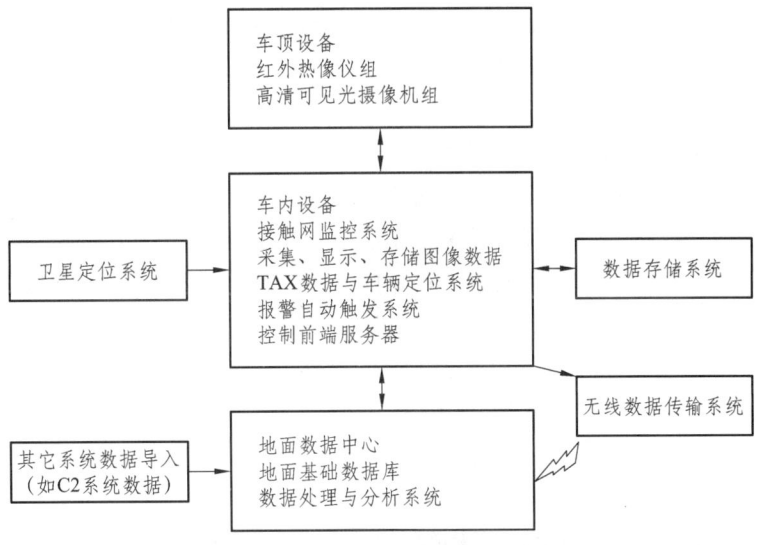

图 4-42　总体示意图

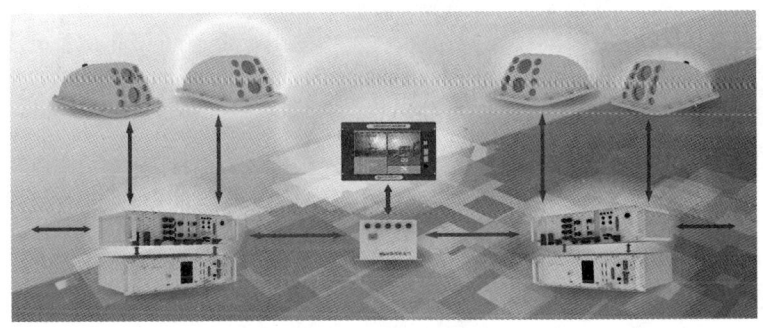

图 4-43　图像采集流程

对于典型缺陷温度特征与图像进行智能识别和自动报警,并通过无线网络将自动报警数据传输至地面数据中心;实时监控设备各部件运行状态并生成状态数据及时传回地面数据中心,方便维护人员及时发现并处理设备问题,保证设备长时间安全可靠运行。采用图像识别技术、双目识别技术和接触线自动跟踪技术,进行工作支接触线和非工作支接触线的识别以及接触线水平间距的计算。精准计算导高拉出值数据,并对超限数据自动报警。通过无线网络将报警数据实时回传至地面数据中心。设备系统采用无人值守技术与数据自动发送技术,通过算法确定回传数据的优先级,依次快速高效地将报警数据、状态数据发送至地面数据中心。采用无线实时传输技术,可在线实时回传相机图像,查看在线实时图像和回放历史数据。

3C 数据接收与分析终端由服务器组、磁盘阵列、地面分析显示平台等构成;可实时接收并及时、全面、综合、直观地分析车载装置检测报警数据,实现缺陷的闭环处理;可实现对检测数据的挖掘分析功能;可实现对检测数据的综合管理功能;可实现对硬盘数据的播放与分析功能;具备统计报表管理支撑等能力;可提高检测数据利用效率与弓网检测管理水平,充分发挥 3C 检测装置与数据的价值,及时发现并引导消除供电安全隐患。3C 数据接收与分析终端采用模糊查询技术,在查看处理报警数据时,添加了预设表单和模糊查询功能。该终端方便数据的筛选和分析填报工作。

车载接触网运行状态检测装置可具备下列单一功能或组合功能:

(1)能测量接触网动态几何参数,如动态拉出值、接触线高度、线岔和锚段关节处接触线的相互位置。

(2)能定量测量接触网的主要弓网受流参数,包括弓网离线火花、硬点等。

(3)能利用非接触方式检测接触网绝缘子的绝缘状态。

(4)能对弓网运行状态进行视频录像,录像资料中能叠加里程标数据。

(5)检测装置应用简单,无须人为干预,能自动完成参数检测和数据发送,检测数据也可以在车上转存。

三、车载接触网运行状态检测装置(3C)技术要求

1. 适用条件

(1)海拔高度不超过 2 500 m,特殊情况可由用户与制造商另行商定。

(2)装置工作环境温度:车外部分为 −25 ~ +70 ℃,车内部分为 0 ~ +50 ℃,特殊情况可由用户与制造商另行商定。

(3)应能承受使用时的冲击和振动而无损坏和失效。

(4)最湿月月平均最大相对湿度不大于 95%。

(5)全天候条件下正常工作。

(6)由动车组或电力机车提供电源时,装置应能适应电源的电压波动和间断。

(7)满足所安装的动车组或电力机车对车载设备的其他要求。

2. 安装安全技术要求

必须满足运营车辆安全运行要求。

3. 检测速度要求

与装置安装的动车组或电力机车的运营速度相适应,最高速度为 350 km/h。

4. 技术指标

(1)装置电源要求:装置供电电源等级为 DC 110 V(用于 CRH5 型动车组时为 DC 24 V),装置功率不大于 300 W。装置自带有 UPS 及电源稳压设备,具有供电保护功能,内部发生电路故障时不应对供电电源产生影响。

(2)测量模块技术指标如表 4-8 所示。

表 4-8 测量模块技术指标

测量项目	测量范围	分辨率	精度	备注
接触线高度/mm	5 100 ~ 6 600	2	20	
接触线拉出值/mm	−600 ~ +600	2	20	
双支接触线水平距离/mm	0 ~ 800	2	25	线岔、锚段关节
燃弧持续时间/ms	0 ~ 100	1	2	
接触网温度/°C	0 ~ 200	1	2	
千米标/m		10	50	

注:1. 接触网几何参数采样间隔不高于 1 m;
2. 接触网温度采样间隔不高于 5 m。

(3)弓网视频监控技术指标:弓网视频监控分辨率不低于 1 024×1 024,帧率不低于 25 fps。

(4)数据处理模块:

① 实时数据分析处理:实时分析处理弓网运行状态、接触网动态几何参数、弓网燃弧、接触网温度,自动识别接触网几何参数超限、弓网燃弧异常、温度异常,并实时报警。

② 地面数据处理:通过地面分析检测数据,可提供接触网动态几何参数、弓网燃弧、接触网温度分析报告;通过对比分析历史数据,提供重复数据分析报告。

(5)信息传输模块:能够自动对报警信息进行无线传输。

5. 结果输出

(1)结果输出格式:文件名称按 6C 系统要求定义,数据库和数据接口应符合 6C 系统的约定。

(2)数据容量:车载系统应提供不小于 10 000 km 线路检测图像与数据的存储空间。

(3)项目:检测数据采用一杆一档的方式建立数据库,项目包括:千米标和支柱号;接触网动态几何参数;弓网燃弧时间、燃弧率;接触网温度;车辆运行速度、区段和线路行别。

6. 可靠性

连续无故障工作时间应不小于 48 h,连续无故障工作里程应不小于 10 000 km。

7. 结构及机械性能

(1)外观:外观应整洁,无明显划痕。

(2)外壳防护性能:车内设备达到 GB 4208 规定的 IP50 等级要求,车外设备达到 GB 4208 规定的 IP67 等级要求。

(3)振动及冲击性能:振动及冲击试验后,受试装置应无损坏和紧固件松动脱落现象,通电后功能应符合要求。

8. 安全性能

(1)绝缘电阻:检测装置各电气回路对地绝缘电阻和各电气回路之间的绝缘电阻要求如表 4-9 所示。

表 4-9 绝缘电阻要求

序号	额定电压/V	绝缘电阻要求/MΩ		测试电压/V
		正常条件	湿热条件	
1	$U \leqslant 60$	≥5	≥1	250
2	$U > 60$	≥5	≥1	500
注:与二次设备及外部回路直接连接的接口回路采用 $U>60$ V 要求。				

(2)冲击电压:根据 GB/T 21413.1 相关要求,经 6 kV 冲击电压试验后,检测装置存储的数据应无变化,功能和性能仍符合要求。

(3)绝缘强度:检测装置绝缘强度应符合表 4-10 的要求。

表 4-10 绝缘强度

额定电压/V	试验电压有效值/V
$U \leqslant 60$	500
$60 < U \leqslant 125$	1000
$125 < U \leqslant 250$	2 000
$250 < U \leqslant 400$	2 500

9. 气候防护性能

(1)耐高温性能:检测装置在高温环境下功能和性能应符合要求。

(2)耐低温性能:检测装置在低温环境下功能和性能应符合要求。

(3)交变湿热性能:检测装置在交变湿热环境下功能和性能应符合要求。

(4)低温存放性能:检测装置在低温存放后功能和性能应符合要求。

10. 电磁兼容性

(1)射频骚扰试验应满足 GB/T 25119—2010 规定。

(2)静电放电试验应满足 GB/T 25119—2010 的 12.2.6.4 和 GB/T 17626.2 规定。

(3)射频抗干扰度试验应满足 GB/T 25119—2010 规定。

(4)电快速瞬变脉冲群试验应满足 GB/T25119—2010 的 12.2.7 和 GB/T 17626.4 规定。

(5)浪涌试验应满足 GB/T 25119—2010 的 12.2.6.2 和 GB/T 17626.5 规定。

(6)高压绝缘试验应满足 GB/T 16927.1—1997 规定,对用于高低压信号隔离的信号传输装置或光纤以及隔离变压器进行试验,试验结束后,装置无异常现象,能正常工作。

四、车载接触网运行状态检测装置（3C）运用管理

1. 适用范围

车载接触网运行状态检测装置（3C）适用于电气化铁路弓网运行状态实时动态检测监测。

2. 配置标准

覆盖各铁路局集团公司电气化线路，满足于每天有安装 3C 装置的动车组或电力机车进行检测。

3. 装置使用

（1）使用部门：3C 装置配属供电部门，其中车载部分安装在动车组或电力机车上，地面接收、分析处理终端安装在铁路局集团公司、供电段，由检测车间、检测工区负责运用管理。

（2）监测周期管理：3C 装置运用实行 24 h 在线监测原则，安装有 3C 装置的动车组或电力机车上线运行时，同步实时进行检测。

（3）监测制度：3C 装置地面数据接收与分析终端要保持 24 h 运行，实时接收弓网检测数据。

第五节　接触网悬挂状态检测监测装置（4C）

接触网悬挂状态检测监测装置（4C）如图 4-44 所示，它安装在接触网作业车或专用车辆上，周期性地对接触网支持装置、接触悬挂等零部件进行高分辨率成像，确定接触网各部件裂损、缺失、松脱、移位等结构异常。在检测数据的自动识别与分析的基础上，对接触网潜在缺陷进行预测和判断并形成维修建议，指导接触网故障隐患的消缺。

图 4-44　接触网悬挂状态检测监测装置

一、4C 装置的功能

接触网悬挂状态检测监测装置（4C）可实现巡视接触网设施功能，主要包括接触线几何参数、接触网接触悬挂、绝缘部件、线路开关、附加导线、各种拉线、硬横跨及软横跨、上跨桥及交叉跨越线路情况、线夹、吊弦、定位管等状态检测。具体功能描述如下：

（1）连续测量接触网几何参数；

（2）准确定位接触网腕臂安装支柱（或吊柱）的位置；

（3）拍摄支持装置正反两面的图像；

（4）拍摄接触悬挂（吊弦、线夹等）图像；

（5）拍摄附加悬挂区域图像；

（6）拍摄吊柱座区域图像；

（7）记录接触悬挂的连续视频；

（8）对成像区域的缺陷进行识别；

（9）分析和存储缺陷数据，并提供分类汇总报告；

（10）形成一杆一档的数据库，能对同一位置的历史检测结果（图像、几何参数等）进行对比分析。

4C 装置对接触网几何参数的测量范围与精度见表 4-11。

表 4-11　几何参数的测量范围与精度

序号	参数名称	测量范围	测量精度
1	接触线高度/mm	5 100～6 600	10
2	接触线拉出值/mm	－600～600	25
3	双支接触线高度差/mm	0～200	25
4	双支接触线横向距离/mm	0～800	25

二、4C 装置的基本构成

接触网悬挂状态检测监测装置主要由高清成像检测子系统、几何参数测量子系统、数据分析子系统和时空同步定位子系统构成。其中高清成像检测子系统、几何参数测量子系统和时空同步子系统位于车辆的顶部，数据分析子系统作为软件则安装在车体内部的计算机上。如图 4-45 所示。

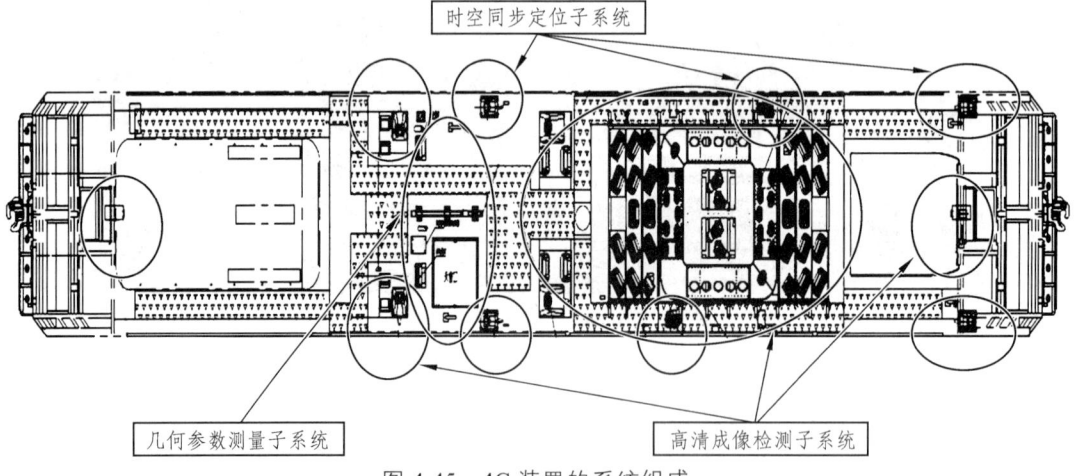

图 4-45　4C 装置的系统组成

（一）高清成像检测子系统

高清成像检测子系统是由支持装置成像检测单元、附加悬挂成像检测单元、吊柱座成像检测单元、接触悬挂成像检测单元、接触悬挂连续视频记录单元、采集服务器和工业控制计算机共 7 个子单元构成。

前 5 个子单元分别对支持装置、附加悬挂、吊柱座、接触悬挂等接触网部件进行高清照片拍摄和录制。拍摄好的高清照片和高清视频再通过采集服务器进行采集汇总,上传给网络交换机。一方面传送给工业控制计算机进行处理,另一方面将数据共享给数据分析子系统和时空同步定位子系统。如图 4-46 所示。

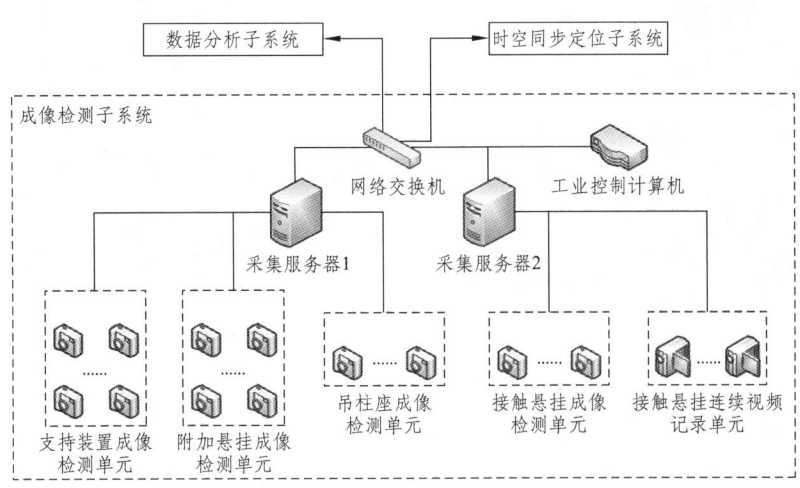

图 4-46　4C 系统运行图

支持装置成像检测单元因为要对支持装置正反两方向进行拍摄,所以设计成由 2 组 18 台 2 900 万像素的高清相机组成,如图 4-47 所示。其成像范围是 3 300 mm × 7 200 mm,空间检测范围是纵向轨道面 4 800 ~ 8 100 mm,横向轨中心 – 3 500 ~ 3 500 mm。

图 4-47　支持装置成像检测单元

附加悬挂成像检测单元对接触网附加悬挂进行拍摄，同样也需要正反两方向，同样由 2 组 4 台 1 600 万像素的高清相机组成。其成像范围在附加悬挂区域。

吊柱座成像检测单元对隧道顶的吊柱座进行拍摄，设置左右 2 组 2 台 1 600 万像素的高清相机，如图 4-48 所示。其成像范围是 2 700 mm × 2 700 mm。

图 4-48　吊柱座成像检测单元

接触悬挂成像检测单元对接触悬挂进行拍摄，设计左右 2 组 2 台 2 000 万像素的高清相机，如图 4-49 所示。其空间检测范围是纵向轨道面 4 800～8 100 mm，横向幅宽 2 000 mm。

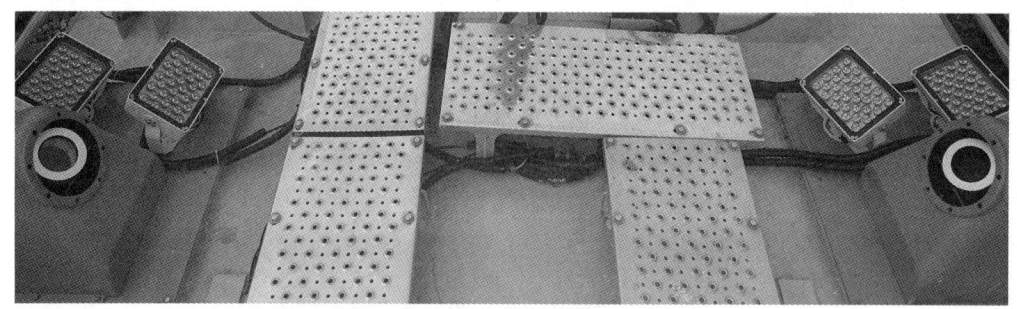

图 4-49　接触悬挂成像检测单元

接触悬挂连续视频记录单元用于拍摄高清视频来记录接触悬挂动态运行。其设计 2 台 300 万像素的高清视频监控相机，如图 4-50 所示。

图 4-50　接触悬挂连续视频记录单元

采集服务器如图 4-51 所示，它用于运行图像采集和系统控制软件；接收接触网支持装置、附加悬挂、吊柱座区域的图像；获取几何参数实时数据；获取地理定位信息对数据进行组合归集。

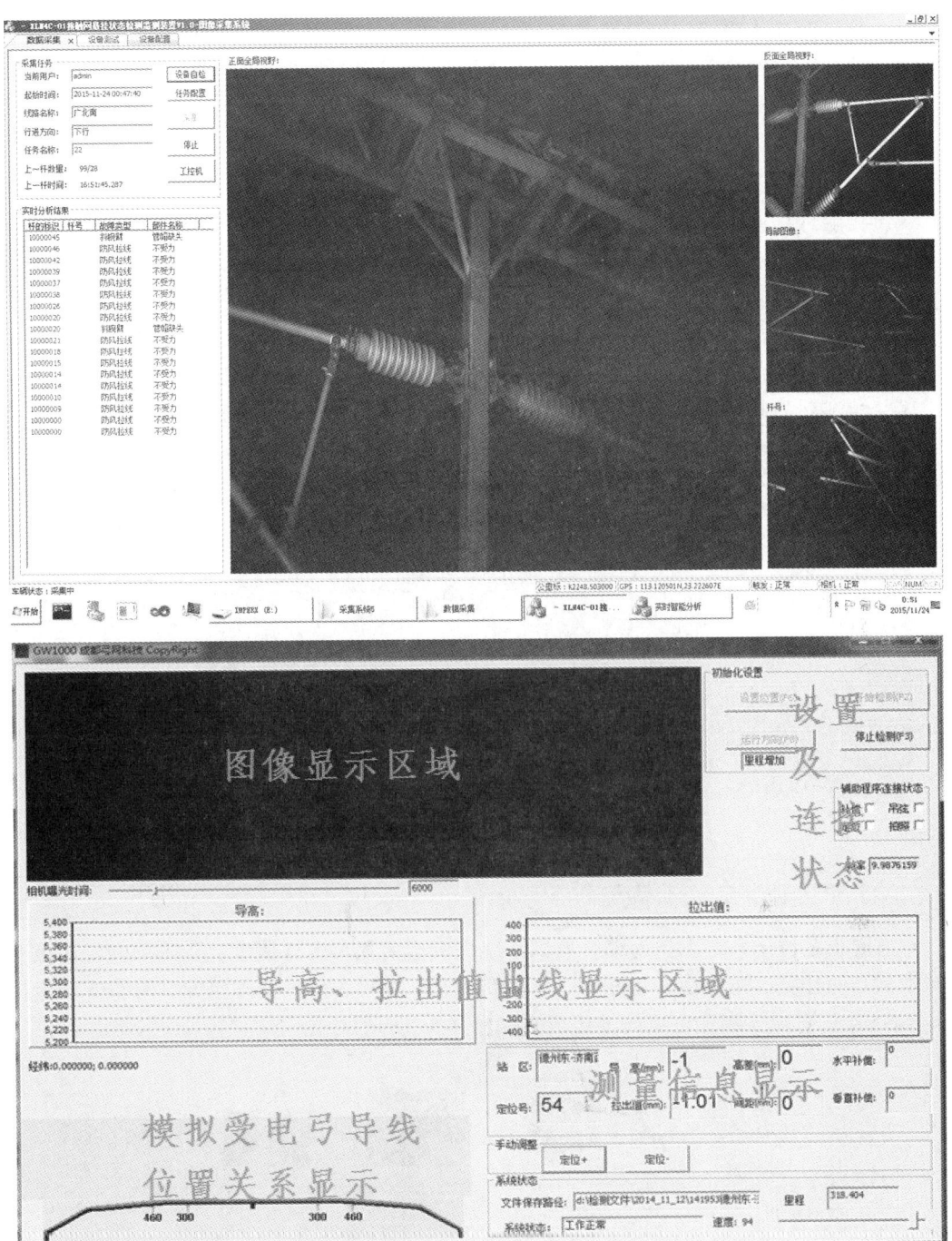

图 4-51 采集服务器

工业控制计算机则用来配置相机的工作参数（见图 4-52），实时监控相机等硬件设备的工作状态，进行图像采集设备的维护测试。

高清成像检测子系统的每个子单元进行图像检测时，为了减少误判、追求更精准的检测结果，对拍摄有以下要求：

(1)杆号图片4张,需检测分析的图片1~2张;
(2)支持装置图片18张,需检测分析的图片10~12张;
(3)吊柱座图片2张,需检测分析的图片1张;
(4)附加悬挂图片4张,需检测分析的图片2张;
(5)接触悬挂图片24~30张,需检测分析的图片12~16张;
(6)接触悬挂连续视频。

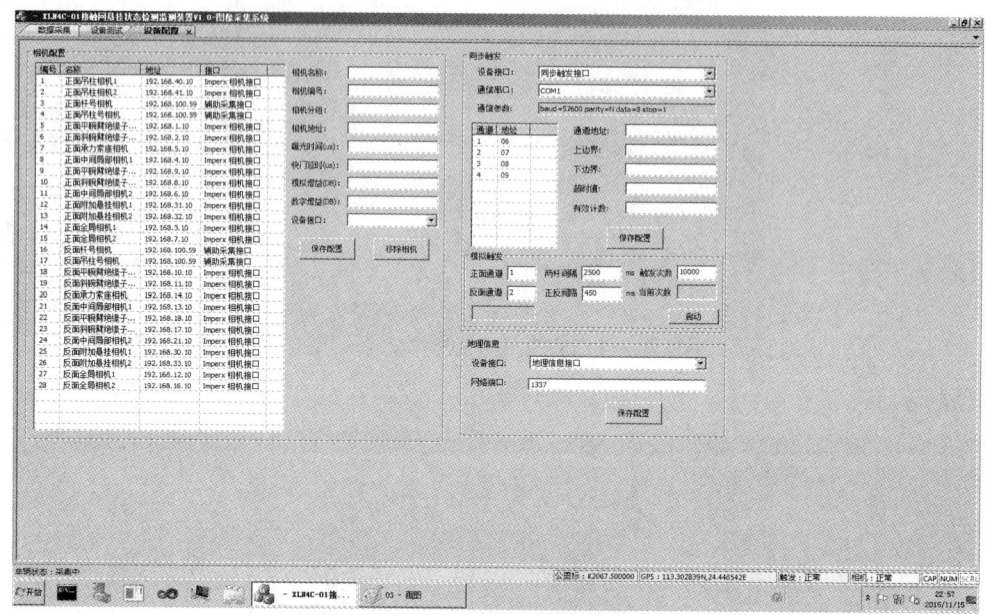

图 4-52　工业控制计算机配置参数

(二)时空同步定位子系统

时空同步定位子系统承担为综合测试系统提供当前列车运行速度、千米标和经纬度等时空同步信息的任务,主要由杆号相机、触发传感器、GPS、信号处理单元、时空同步定位服务器、GYK信息单元和速度编码器组成,如图4-53所示。

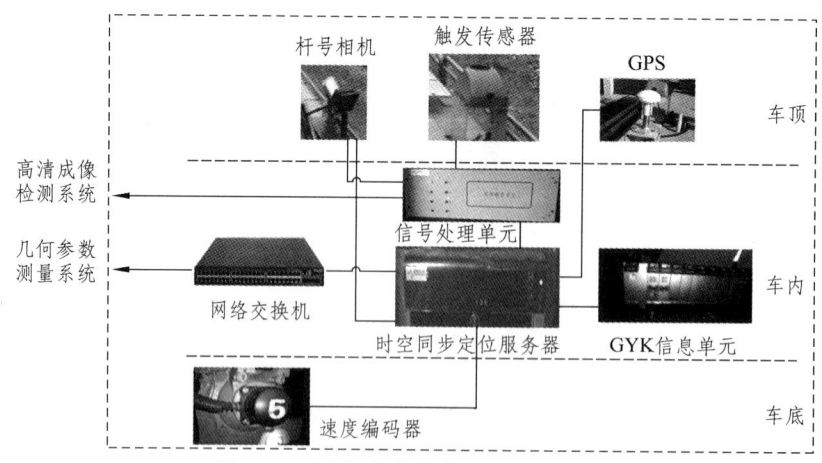

图 4-53　时空同步定位子系统的组成

(三) 几何参数测量子系统

几何参数测量子系统是用来测量接触线导高、拉出值和定位器坡度等几何参数的信息采集系统。它由位于车顶的几何参数相机、定位相机、激光发射器，位于车内的检测工业控制计算机、接触网几何参数信号处理单元和位于车底的补偿装置、光源控制单元组成，如图4-54和图4-55所示。

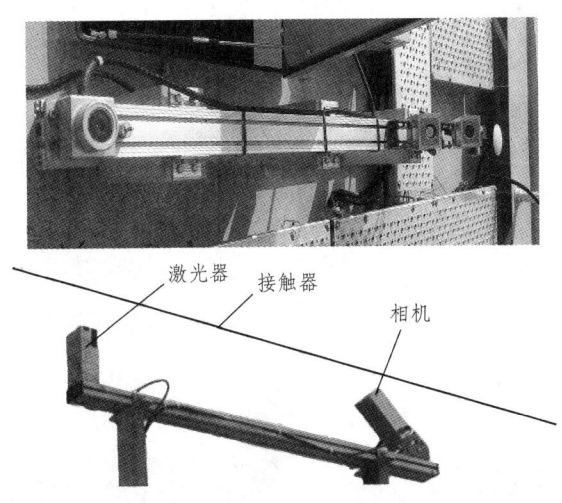

图 4-54　几何参数测量子系统

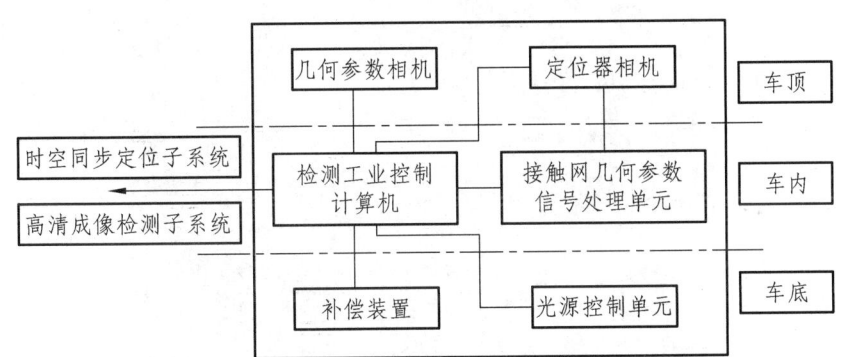

图 4-55　几何参数测量子系统处理流程

4C装置的测量范围和测量精度如下：
（1）导高：5 000～6 600 mm，精度10 mm；
（2）拉出值：-600～600 mm，精度10 mm；
（3）定位器坡度：0～20°，精度0.1°；
（4）接触线间垂直距离：0～500 mm，精度1 mm；
（5）接触线间水平距离：0～800 mm，精度1 mm。

(四) 数据分析子系统

数据分析子系统由数据显示服务器、高清成像智能分析服务器和检测后处理服务器通过网络交换机组网而成，如图4-56所示。

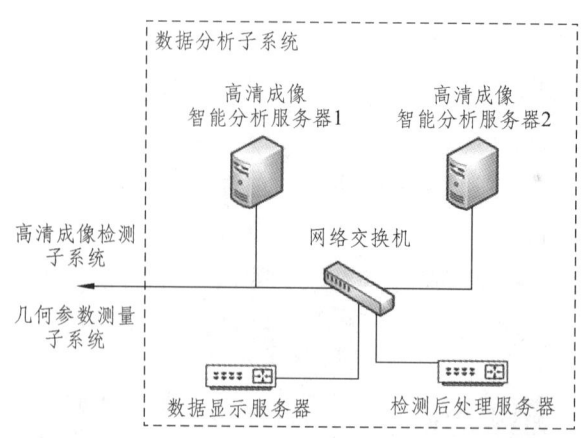

图 4-56 数据分析子系统结构图

数据显示服务器通过安装的分析软件完成查看相机拍摄的接触网悬挂装置全局和局部图像、查看几何参数数据和人工标注故障、录入故障确认和处理信息等工作任务。数据分析软件界面如图 4-57 所示。

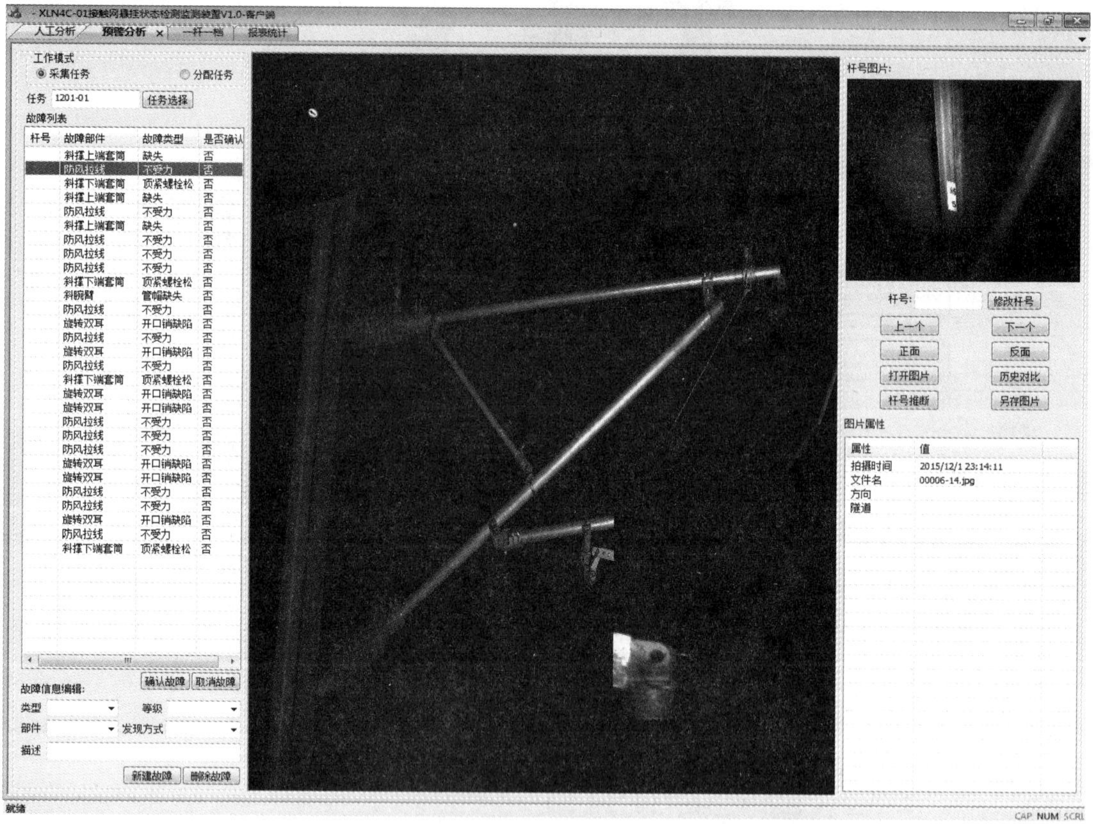

图 4-57 数据分析软件

高清成像智能分析服务器可以运行高清成像智能分析软件,输出故障预警信息。

检测后处理服务器用于处理杆号、千米标等基础数据,运行检测基本信息,接收抓拍图像和视频,并具有进行分类存储、输出故障分析报表(见图 4-58)和数据访问服务接口及导入导出功能。

图 4-58 故障报表清单

三、4C 装置的技术要求

1. 适用环境

(1)海拔高度不超过 2 500 m,特殊情况可由用户与制造商另行商定。

(2)装置工作环境温度:车外部分为 -25~70 ℃,车内部分为 0~50 ℃,特殊情况可由用户与制造商另行商定。

(3)应能承受使用时的冲击和振动而无损坏和失效。

(4)最湿月月平均最大相对湿度不大于 95%。

(5)能在昼夜且无强烈雨雪雾等天气条件下正常工作,且适应各种线路。

2. 检测速度

检测速度应与装置配套车辆的运行速度相适应,最高速度为 160 km/h。

3. 技术指标

(1)成像要求:

① 装置具备自动识别接触网定位点位置的功能。

② 采用高清相机对接触网检测区域进行图像采集,输出高清图像,成像范围应覆盖沿线接触网悬挂设备,成像图片的清晰度足够分辨支持装置及接触悬挂零部件的异常状态。

③ 支持装置区域成像范围为轨顶连线以上 4 800~8 100 mm 与轨顶连线的垂直中心线左侧 3 500 mm 至右侧 3 500 mm 交叉区域,应正反面拍摄,图像像素不低于 5 000 万。

④ 接触悬挂（吊弦、线夹等）区域成像范围为轨顶连线以上 4 800～8 100mm 区域，单幅画面幅宽 2000 mm，应左右拍摄，单幅画面像素不低于 500 万。
⑤ 附加悬挂区域成像范围为附加悬挂区域，图像像素不低于 1 600 万。
⑥ 吊柱座区域成像范围为吊柱座 2 700 mm×2 700 mm 区域，图像像素不低于 1 600 万。
⑦ 接触悬挂的连续视频分辨率不低于 200 万像素。
（2）几何参数的测量范围和精度见表 4-12 所示。

表 4-12 几何参数测量范围及精度

测量项目	测量范围	精度	备注
接触线高度/mm	5 100～6 600	10	
接触线拉出值/mm	−600～+600	25	
双支接触线高度差/mm	0～200	25	
双支接触线横向距离/mm	0～800	25	
注：采样点间隔不大于 250/mm。			

（3）装置漏检率：在实际线路上，漏检率不大于 0.1%。

4. 数据自动分析

（1）高清成像分析：

① 对所获取支持装置、接触悬挂等零部件的高清图像进行分析，确定结构异常（包括：变形、缺失、松脱、部件转动、移位、裂损等）部位。

② 具备接触网全景视频回放（快放、慢放、暂停）及局部图像放大显示功能。

③ 提供故障标注界面，用户可在故障确认及处理后进行录入，故障信息由数据库统一管理，并可生成各类统计及分析报表。

（2）几何参数分析：依据接触网设计参数对接触网几何参数进行超限判断，形成数据曲线报表、历史曲线对比报表以及缺陷报表等，依据历史数据对比结果，对接触网潜在缺陷进行预测。

5. 结果输出

（1）输出格式：文件名称按 6C 系统要求定义，图像采用 JPEG 格式保存，数据库和数据接口应符合 6C 系统的约定。

（2）数据容量：车载系统应提供不小于 10 000 km 线路检测图像与数据的存储空间。

（3）项目：检测数据采用一杆一档的方式建立数据库，项目包括千米标和支柱号；吊弦位置；接触网几何参数；接触网全景视频；支持装置及接触悬挂零部件高清图像；车辆运行速度、区段和线路行别。

6. 可靠性

4C 装置连续无故障工作时间应不小于 24 h，连续无故障工作里程应不小于 10 000 km。

7. 结构及机械性能

（1）外观：外观应整洁，无明显划痕。

（2）外壳防护性能：车内设备达到 GB 4208 规定的 IP50 等级要求，车外设备达到 GB 4208 规定的 IP67 等级要求。

（3）振动及冲击性能：振动及冲击试验后，受试装置应无损坏和紧固件松动脱落现象，通电后功能应符合要求。

8. 安全性能

（1）绝缘电阻：检测装置各电气回路对地绝缘电阻和各电气回路之间的绝缘电阻要求如表 4-13 所示。

表 4-13 绝缘电阻要求

序号	额定电压/V	绝缘电阻要求/MΩ		测试电压/V
		正常条件	湿热条件	
1	$U \leqslant 60$	$\geqslant 5$	$\geqslant 1$	250
2	$U > 60$	$\geqslant 5$	$\geqslant 1$	500

注：与二次设备及外部回路直接连接的接口回路采用 $U > 60$ V 要求。

（2）冲击电压：根据 GB/T 21413.1 相关要求，经 6 kV 冲击电压试验后，检测装置存储的数据应无变化，功能和性能仍符合要求。

（3）绝缘强度：检测装置绝缘强度应符合表 4-14 的要求。

表 4-14 绝缘强度

额定电压/V	试验电压有效值/V
$U \leqslant 60$	500
$60 < U \leqslant 125$	1 000
$125 < U \leqslant 250$	2 000
$250 < U \leqslant 400$	2 500

9. 气候防护性能

（1）耐高温性能：检测装置在高温环境下功能和性能应符合要求。

（2）耐低温性能：检测装置在低温环境下功能和性能应符合要求。

（3）交变湿热性能：检测装置在交变湿热环境下功能和性能应符合要求。

（4）低温存放性能：检测装置在低温存放后功能和性能应符合要求。

10. 电磁兼容性

（1）射频骚扰试验应满足 GB/T 25119—2010 规定。

（2）静电放电试验应满足 GB/T 25119—2010 的 12.2.6.4 和 GB/T 17626.2 规定。

（3）射频抗干扰度试验应满足 GB/T 25119—2010 规定。

（4）电快速瞬变脉冲群试验应满足 GB/T 25119—2010 的 12.2.7 和 GB/T 17626.4 规定。

（5）浪涌试验应满足 GB/T 25119—2010 的 12.2.6.2 和 GB/T 17626.5 规定。

四、4C 装置的运用管理

1. 适用范围

接触网悬挂状态检测监测装置（4C）适用于电气化铁路接触网监测检测。

2. 配置标准

每个供电段（含维管段）至少应配置 1 套 4C 装置，对于新增电气化线路，按每 400 km 营业里程对应 1 套增配；铁路局集团公司接触网综合检测车可选配 4C 装置功能。

3. 装置使用

（1）使用部门：配属在铁路局集团公司的 4C 装置，由铁路局集团公司检测所负责管理运用维护。配属在供电段的 4C 装置，由供电段主管科室、检测车间、检测工区专业检测人员负责管理运用维护。

（2）检测周期管理：4C 装置运用实行周期检测与重点检测相结合的原则。

周期检测：对管内接触网设备技术状态进行周期性检测，高铁线路每季度不少于 1 次，普速线路每半年不少于 1 次。具体检测计划根据各铁路局集团公司规定执行。

重点检测：根据跳闸、故障、特殊天气气象条件等信息及专项工作安排的专门检测。

（3）检测添乘制度：供电各级管理、检测人员按规定参加每次检测，添乘人员携带管内供电设备变更后的相关技术资料配合检测工作，负责管辖区段接触网检测监测数据及资料下载拷贝，巡检中发现危及行车安全的问题时，添乘人员应立即通知相关部门处理，并做好信息反馈。

第六节 受电弓滑板监测装置（5C）

在铁路运营中，弓网之间的关系是既相互依存又相互伤害的。导致弓网事故的主要原因是弓网的匹配问题，如果是接触网事故，一般称之为"网刮弓"；如果是受电弓事故，则一般称之为"弓刮网"。无论是"网刮弓"还是"弓刮网"，都会造成接触网停止供电、列车停止运行。由于其故障薄弱点无法准确查找，就可能发展成永久性故障。

常见的弓网事故主要有以下 7 种：受电弓中心偏移、升弓位置异常、弓头滑板倾斜、导角变形缺失、滑板残缺丢失、滑板裂缝和异物附着。这些故障的存在严重威胁着高铁运营的安全，仅仅依靠以往以人为主的巡视检修手段是不足以消除安全威胁和隐患的，所以就需要提出一种"定点"监控受电弓的监测手段，还原受电弓异常工作图像，以便通过图像追溯事故发生原因，准确判断故障，精确指导维修。这就是受电弓滑板监测装置，也称为 5C。

5C 装置安装在电气化铁路的车站、车站咽喉区、电力牵引列车出入库区域等处。

在高速铁路的车站、车站咽喉区和动车段出入库线安装视频监视装置，用于监测电力牵引单元受电弓滑板的技术状态，通过获取的受电弓及其滑板表面图像，查看受电弓滑板残缺、滑板裂缝、弓角磨损等异常状态，及时发现受电弓滑板的异常状态以指导接触网维修。监测图像可传至车站值班室、动车段和供电管理部门。视频监视系统主要包括高清摄像机、摄像云台、视频传输系统、视频显示系统、视频分析处理系统、视频储存系统。

一、5C 装置的主要目标及工作流程

1. 主要目标

（1）自动识别不同运行速度下受电弓的通过状态，确定拍摄时机。
（2）拍摄受电弓碳滑板区域技术状态。
（3）获取高清图像，能够分辨滑板残缺、滑板裂缝、弓角磨损等异常状态。
（4）采用有线或无线传输方式，能够在受电弓通过后将图像推送到客户端。
（5）采用 B/S 架构对图像进行浏览和管理，从而确定引起受电弓故障的线路位置，并进一步指导现场接触网维修维护。

2. 工作流程

5C 装置的工作流程如图 4-59 所示。

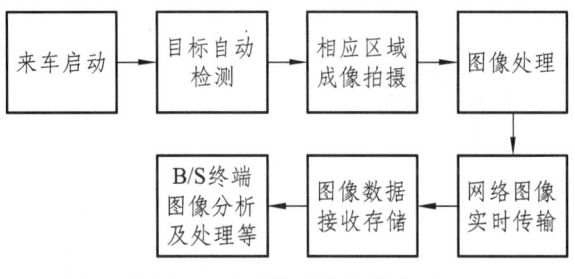

图 4-59　5C 装置的工作流程

二、5C 装置的结构组成及安装方式

1. 5C 装置的结构组成

5C 装置主要由控制箱、车号识别模块、成像模块和受电弓识别模块 4 个部分组成。车号识别模块用于对来车自动辨别，定位故障受电弓，如图 4-60 所示。

图 4-60　车号识别

受电弓识别模块在受电弓通过时，提取对应的受电弓图像，如图 4-61 所示。

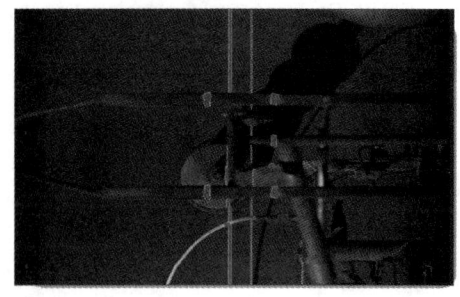

图 4-61　受电弓识别

成像模块通过激光摄像技术构造特征光识别受电弓通过状态，采用触发方式进行拍摄。

2. 5C 装置的安装方式

5C 装置的安装方式分为硬横梁安装、新支柱安装和既有支柱安装，如图 4-62~图 4-64 所示。

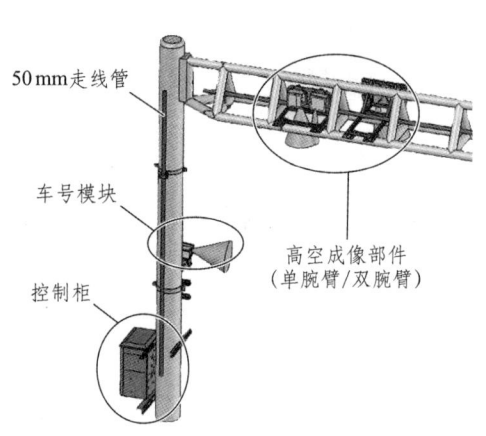

图 4-62　硬横梁安装

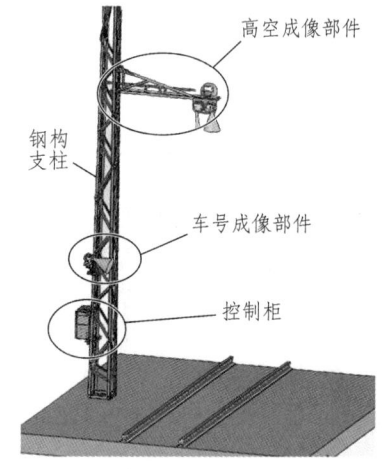

图 4-63　新支柱安装

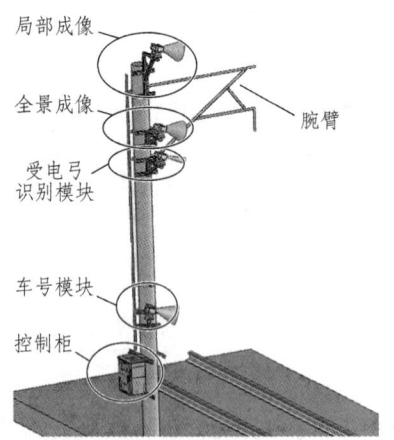

图 4-64　既有支柱安装

三、5C 装置的技术要求

1. 适用条件

（1）海拔高度不超过 2 500 m，特殊情况可由用户与制造商另行商定。

（2）装置工作环境温度为 -25 ~ 45 ℃，特殊情况可由用户与制造商另行商定。

（3）适用于电气化铁路沿线工作条件。

（4）最湿月月平均最大相对湿度不大于 95%。

（5）能在昼夜且无强烈雨、雪、雾、霾天气条件下正常工作。

2. 监测速度

5C 装置与监测线路的动车组、电力机车的运营速度相适应，最高速度为 350 km/h。

3. 技术指标

（1）成像要求：采集受电弓滑板区域的图片，成像区域不小于 2 000 mm × 700 mm，覆盖受电弓滑板及弓角区域，图像分辨率不低于 2 448 × 2 448。

（2）装置漏检率：在实际线路上，漏检率应不大于 1‰。

4. 结果输出

（1）输出格式：文件名称按 6C 系统要求定义，图像采用 JPEG 格式保存，视频采用 MP4 格式保存。

（2）数据容量：装置实现故障图像信息存储 1 年，其他图像及视频存储期限不少于 3 个月。

（3）数据项目：检测数据采用一处一档的方式建立数据库，包括装置安装位置、受电弓滑板图片、车号、检测时间。

5. 可靠性

要求 5C 装置平均无故障工作时间不少于 1 年。

6. 结构及机械性能

（1）外观：外观应整洁，无明显划痕。

（2）外壳防护：达到 GB 4208 规定的 IP67 等级要求。

（3）振动及冲击性能：振动及冲击试验后，受试设备应无损坏和紧固件松动、脱落现象，通电后功能应符合要求。

7. 安全性能

（1）绝缘电阻：检测装置各电气回路对地绝缘电阻和各电气回路之间的绝缘电阻要求如表 4-15 所示。

表 4-15　绝缘电阻要求

序号	额定电压/V	绝缘电阻要求/MΩ		测试电压/V
		正常条件	湿热条件	
1	$U \leqslant 60$	≥5	≥1	250
2	$U > 60$	≥5	≥1	500
注：与二次设备及外部回路直接连接的接口回路采用 $U>60$ V 要求。				

（2）冲击电压：根据 GB/T 21413.1 相关要求，经 6 kV 冲击电压试验后，检测装置存储的数据应无变化，功能和性能仍符合要求。

（3）绝缘强度：检测装置绝缘强度应符合表 4-16 的要求。

表 4-16　绝缘强度

额定电压/V	试验电压有效值/V
$U \leq 60$	500
$60 < U \leq 125$	1 000
$125 < U \leq 250$	2 000
$250 < U \leq 400$	2 500

8. 气候防护性能

（1）耐高温性能：检测装置在高温环境下功能和性能应符合要求。

（2）耐低温性能：检测装置在低温环境下功能和性能应符合要求。

（3）交变湿热性能：检测装置在交变湿热环境下功能和性能应符合要求。

（4）低温存放性能：检测装置在低温存放后功能和性能应符合要求。

9. 电磁兼容性

（1）射频骚扰试验应满足 GB/T 25119—2010 规定。

（2）静电放电试验应满足 GB/T 25119—2010 的 12.2.6.4 和 GB/T 17626.2 规定。

（3）射频抗干扰度试验应满足 GB/T 25119—2010 规定。

（4）电快速瞬变脉冲群试验应满足 GB/T 25119—2010 的 12.2.7 和 GB/T 17626.4 规定。

（5）浪涌试验应满足 GB/T 25119—2010 的 12.2.6.2 和 GB/T 17626.5 规定。

四、受电弓滑板监测装置（5C）运用管理

1. 适用范围

受电弓滑板监测装置（5C）适用于电气化铁路车站（咽喉区）、动车组（电力机车）出入库区域、铁路局局界、联络线等处所监测受电弓滑板状态。

2. 配置标准

5C 装置按线路行别在电气化铁路的局界口、段界口、动车组（电力机车）出入库区域、联络线、车站咽喉区等处所配置。

3. 装置使用

（1）使用部门：5C 装置架设在接触网支柱、硬横梁或专用支柱等处所，集中服务器设置在供电（维管）段，用户终端设置在铁路局和供电（维管）段，由供电段主管科室、检测车间、检测工区专业检测人员负责管理运用，相关供电车间、电力车间维护。

（2）监测周期管理：5C 装置 24 h 不间断监测通过该位置的受电弓滑板状态，对异常状态实时报警。

第七节 接触网及供电设备地面监测装置（6C）

接触网及供电设备地面监测装置（6C）是在接触网特殊断面（如：定位点、隧道出入口）及牵引变电所设置的监测设备，主要用于监测接触网张力、振动、抬升量、线索温度、补偿位移；监测供电设备的绝缘状态、电缆头温度等参数，指导接触网及供电设备的维修。

接触网及供电设备地面监测装置主要包括测量传感器、数据采集装置、数据传输装置、电源系统等。

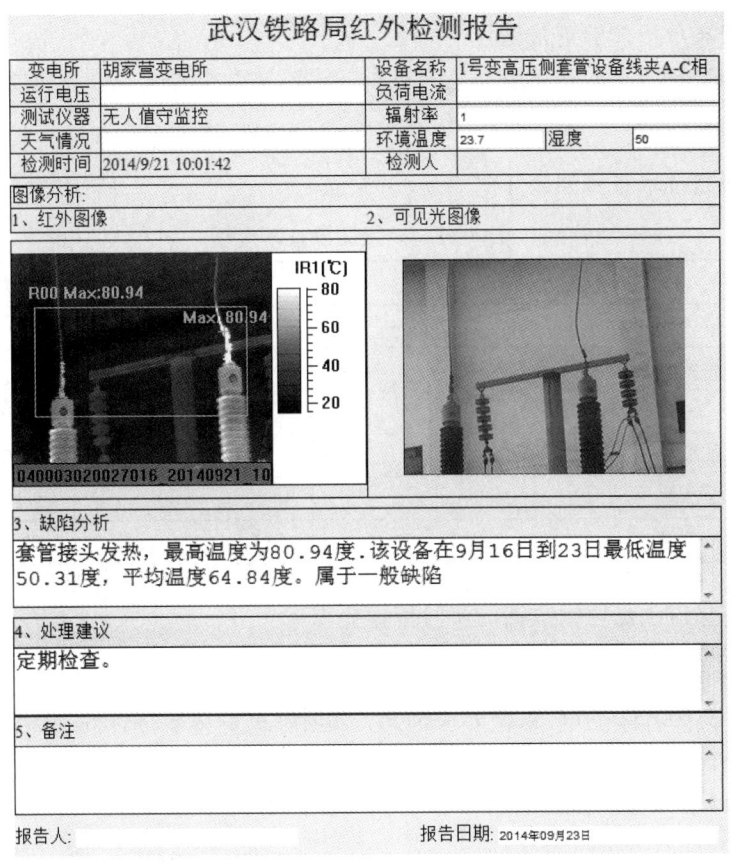

图 4-65 红外检测报告

一、6C 装置的主要工作目标

（1）在高速铁路的特殊断面（如隧道的出口和进口、接触网的线岔处、锚段关节处等）监测接触线的振动，监测接触线的抬升量；

（2）在长大隧道内监测接触网承力索和接触线的张力；

（3）在接触网下锚处监测承力索和接触线的张力，计算张力补偿效率；

（4）监测接触网特殊断面的线索温度、接触网线夹温度、电缆头温度等；

（5）在变电所、AT 所、分区所内加装供电设备绝缘监测装置。

二、6C 装置的技术要求

1. 适用环境

（1）海拔高度不超过 2 500 m，特殊情况可由用户与制造商另行商定。

（2）装置工作环境温度为 -25 ~ 45 ℃，特殊情况可由用户与制造商另行商定，装置应允许在 -40 ~ 70 ℃ 环境温度下存放。

（3）能适用于电气化铁路沿线工作条件。

（4）最湿月月平均最大相对湿度不大于 95%。

（5）全天候条件下能够正常工作。

（6）装置与监测线路的动车组、电力机车的运行速度相适应，最高速度为 350 km/h。

2. 技术指标

（1）装置测量技术指标如表 4-17 所示。

表 4-17 装置测量技术指标

测量项目	测量范围	精度	备注
接触网线索张力/kN	0 ~ 50	0.1	
接触线抬升量/mm	0 ~ 200	1	
温度/℃	-40 ~ 200	1	
张力补偿器位移/mm	0 ~ 3 000	10	
振动/(m/s²)	0 ~ 500	10	
绝缘检测		准确	

（2）数据传输应满足监测数据的实时传输要求。

3. 结果输出

（1）格式：文件名称按 6C 系统要求定义，实时数据的传输符合 6C 要求，数据库和数据接口符合 6C 系统的约定。

（2）数据容量：装置应提供不小于 1 年监测数据的存储空间。

4. 可靠性

6C 装置无故障工作时间应不小于 1 年。

5. 结构及机械性能

（1）外观应整洁，无明显划痕。

（2）外壳防护达到 GB 4208 规定的 IP67 等级要求。

（3）振动及冲击试验后，受试设备应无损坏和紧固件松动、脱落现象，通电后功能应符合要求。

6. 安全性能

（1）绝缘电阻：检测装置各电气回路对地绝缘电阻和各电气回路之间的绝缘电阻要求如表 4-18 所示。

表 4-18 绝缘电阻要求

序号	额定电压/V	绝缘电阻要求/MΩ		测试电压/V
		正常条件	湿热条件	
1	$U \leqslant 60$	≥5	≥1	250
2	$U > 60$	≥5	≥1	500

注：与二次设备及外部回路直接连接的接口回路采用 $U > 60$ V 要求。

（2）冲击电压：根据 GB/T 21413.1 相关要求，经 6 kV 冲击电压试验后，检测装置存储的数据应无变化，功能和性能仍符合要求。

（3）绝缘强度：检测装置绝缘强度应符合表 4-19 的要求。

表 4-19 绝缘强度

额定电压/V	试验电压有效值/V
$U \leqslant 60$	500
$60 < U \leqslant 125$	1 000
$125 < U \leqslant 250$	2 000
$250 < U \leqslant 400$	2 500

7. 气候防护性能

（1）耐高温性能：检测装置在高温环境下功能和性能应符合要求。

（2）耐低温性能：检测装置在低温环境下功能和性能应符合要求。

（3）交变湿热性能：检测装置在交变湿热环境下功能和性能应符合要求。

（4）低温存放性能：检测装置在低温存放后功能和性能应符合要求。

8. 电磁兼容性

（1）射频骚扰试验应满足 GB/T 25119—2010 规定。

（2）静电放电试验应满足 GB/T 25119—2010 的 12.2.6.4 和 GB/T 17626.2 规定。

（3）射频抗干扰度试验应满足 GB/T 25119—2010 规定。

（4）电快速瞬变脉冲群试验应满足 GB/T 25119—2010 的 12.2.7 和 GB/T 17626.4 规定。

（5）浪涌试验应满足 GB/T 25119—2010 的 12.2.6.2 和 GB/T 17626.5 规定。

三、6C 装置的运用管理

1. 适用范围

接触网及供电设备地面监测装置（6C）适用于电气化铁路接触线抬升、张力、绝缘状况、主导电回路状态、电气节点温度、零部件振动频率等的监测。

2. 配置标准

6C 装置根据各线路设备实际需要进行配置。

3. 装置使用

（1）使用部门：6C 装置设置在铁路线路上，集中服务器设置在供电（维管）段，用户终端设置在铁路局和供电（维管）段，由供电段主管科室、检测车间、检测工区专业检测人员负责管理运用，相关供电车间、电力车间维护。

（2）监测周期管理：6C 装置 24 h 不间断监测设备运行状态，对异常状态实时报警。

习　题

4-1　6C 检测系统包含哪些子系统？归属供电段管理的子系统有哪些？
4-2　1C 子系统通常在什么情况时使用？它主要的检测目标有什么？
4-3　2C 子系统是用来代替哪项工作任务？其优缺点各是什么？
4-4　光电效应的定义是什么？拉弧的危害有哪些？
4-4　3C 子系统主要的检测目标是什么？
4-5　4C 子系统由哪几个功能部分组成？各自承担什么工作任务？
4-6　5C 子系统的主要工作目标是什么？
4-7　6C 子系统的主要工作目标是什么？除接触网外，哪里还可以使用 6C 子系统？

第五章　检测数据分析

第一节　1C 装置数据分析

一、装置组成

1C 装置由检测传感设备，弓网视频监测设备，信号传输设备，电源设备，信号采集设备，数据处理、显示和存储设备等组成。

二、检测分析

1. 拉出值分析

分析人员观察受电弓运行情况，对照拉出值曲线图变化（正常状态拉出值曲线图直线区段为峰值小于 400 mm 的锯齿波形，曲线区段为峰值小于 400 mm 的弧形波形），发现拉出值动态曲线峰值超过 450 mm 的，立即以 0.1 倍的播放速度认真观察接触线在受电弓上的运行位置，并在左右相邻跨距慢放观察和逐帧播放观察，同时观察检测的拉出值数据，确认对应现场的具体位置、设备属性，研究制订检调方案，做好记录。缺陷数据 3 日内完成分析，重点对超限数据即一级缺陷（$a \geqslant 500$ mm）进行核对确认；全面分析 10 日内完成，重点对二级缺陷（450 mm $\leqslant a < 500$ mm）核对确认。重复的缺陷保留，新发现的缺陷增加一并录入 6C 数据中心。

2. 导线高度分析

分析人员观察导线高度曲线图，重点观看红线位置，当红线在 6 500 mm 以下时为正常，且视频下方导高数据大于 6 500 mm 时数据变红；当红线下降到该区段《行规》最低限制值以下冲破下线看不见，且视频下方导高数据小于该区段《行规》最低限制值时数据变红，须慢放仔细观看并做好记录。缺陷数据 3 日内完成分析，重点对超限数据即一级缺陷（$H \geqslant$ 标准值+250 mm 或 $H <$ 标准值 -150 mm）进行核对确认；全面分析 10 日内完成，重点对二级缺陷（标准值 -150 mm $\leqslant H <$ 标准值 -100 mm）核对确认。

3. 高差分析

导线高差分析没有曲线图，但可以通过分析观察导线高度曲线图，当红线出现不平顺、变化较大处，同时观察检测的高差数据（大于 150 mm 时，数据变为红色字体），用慢退慢进方式仔细观看受电弓运行状态、位置，并做好记录。中国国家铁路集团有限公司检测数据，可通过分析软件进行播放，当鼠标指向某吊弦处，即可显示该吊弦处所有几何参数，并可与相邻吊弦进行比对,确定高差值。缺陷数据 3 日内完成分析,重点对超限数据即一级缺陷($2A \geq 200$ mm)进行核对确认;全面分析 10 日内完成,重点对二级缺陷(150 mm $\leq 2A < 200$ mm)核对确认。

4. 硬点分析

由分析人员观察震动冲击加速度曲线图,当图中曲线变化较大时,特别在锚段关节、分相等关键设备处所,仔细看视频下方压力数值,正常情况下曲线图在 $-30 \sim 0$ 或 $0 \sim 30$ 以内,当数值超出 -30 或 $+30$ 时,系统自动变红,看到此处应暂停视频,用慢退慢进方式仔细观看受电弓所在区域,并做好记录。缺陷数据 3 日内完成分析,重点对超限数据即一级缺陷($A_v \geq 490$)进行核对确认;全面分析 10 日内完成,重点对二级缺陷($392 \leq A_v < 490$)核对确认。

5. 接触压力分析

分析人员观察接触压力曲线图,当图中曲线变化较大时,特别在锚段关节、分相等关键设备处所,仔细看视频下方压力数值,红色线在 $0 \sim 200$ 移动时为正常状态。当数值大于 200 时,系统自动变红,看到此处应暂停视频,用慢退慢进方式仔细观看受电弓所在区域,并做好记录。缺陷数据 3 日内完成分析,重点对超限数据即一级缺陷($F_{max} \geq 250$ 或 $F_{min} < 20$)进行核对确认;全面分析 10 日内完成,重点对二级缺陷($180 \leq F_{max} < 250$ 或 $20 \leq F_{min} < 40$)核对确认。

三、数据分析处理流程

(1)高铁线路检测:中国国家铁路集团有限公司综合检测车检测时,供电处安排相关供电段人员添乘→检测结束后供电处高铁科在互联网邮箱下载数据,分析后挂供电处主页公布→供电段检测工区下载数据、分析,录入数据中心→检测车间审核缺陷→技术主管部门签发缺陷通知单→一级缺陷由供电车间组织运行工区处理,二级缺陷由维修车间组织维修工区处理,供电车间、运行工区对二级缺陷处理情况检查验收→运行工区将缺陷处理结果录入数据中心→供电车间确认销号。

(2)普速线路检测:铁路局集团公司综合检测车检测,对各供电段派人添乘→供电检测所专业人员对超限数据及时进行分析→各供电段指派专人对管内的检测数据及视频资料进行拷贝→检测工区对数据进行分析,缺陷录入数据中心→检测车间审核缺陷→技术主管部门签发缺陷通知单→一级缺陷由供电车间组织运行工区处理,二级缺陷由维修车间组织维修工区处理,供电车间、运行工区对二级缺陷处理情况检查验收→运行工区将缺陷处理结果录入数据中心→供电车间确认销号。

(3)对危及行车安全的缺陷的处理:检测过程中遇有危及行车安全的缺陷,检测、添乘人员及时将信息反馈给相关供电段调度→段调度按应急处置流程办理→运行工区将缺陷处理结果录入数据中心→供电车间确认销号。

四、运用案例

(1)2015 年 4 月 3 日,综合检测列车检测西宝(西安—宝鸡)高铁下行 K1103+958 处拉出值超限,超限值为 489 mm。经现场静态复测,西宝高铁咸阳秦都至杨凌南区间下行 27 号支柱（里程 K1104+068，非绝缘五跨锚段关节转换柱）工作支拉出值为 415 mm，非支拉出值为 73 mm；该处设计值工作支拉出值为 300 mm，非工作支拉出值为 200 mm。经调整后工作支拉出值为 310 mm，非工作支拉出值为 190 mm。案例图如图 5-1 所示。

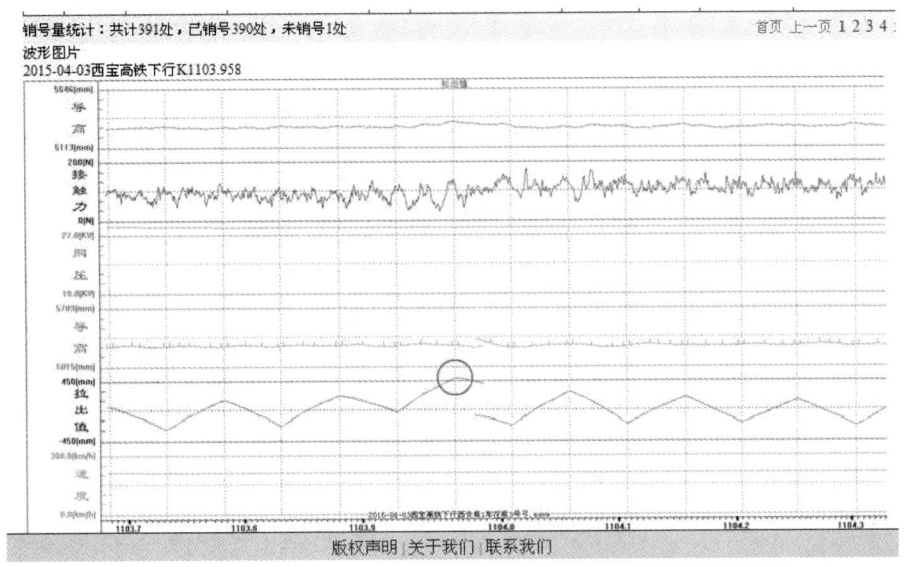

图 5-1　案例图 1

（2）2015 年 6 月 22 日，综合检测列车检测西宝高铁下行 K1074+750 处接触线高度超限，超限值为 5 196 mm。经现场静态复测，西安北站 515 号支柱拉出值为 5 245 mm，经调整后测量拉出值为 5 264 mm。案例图如图 5-2 所示。

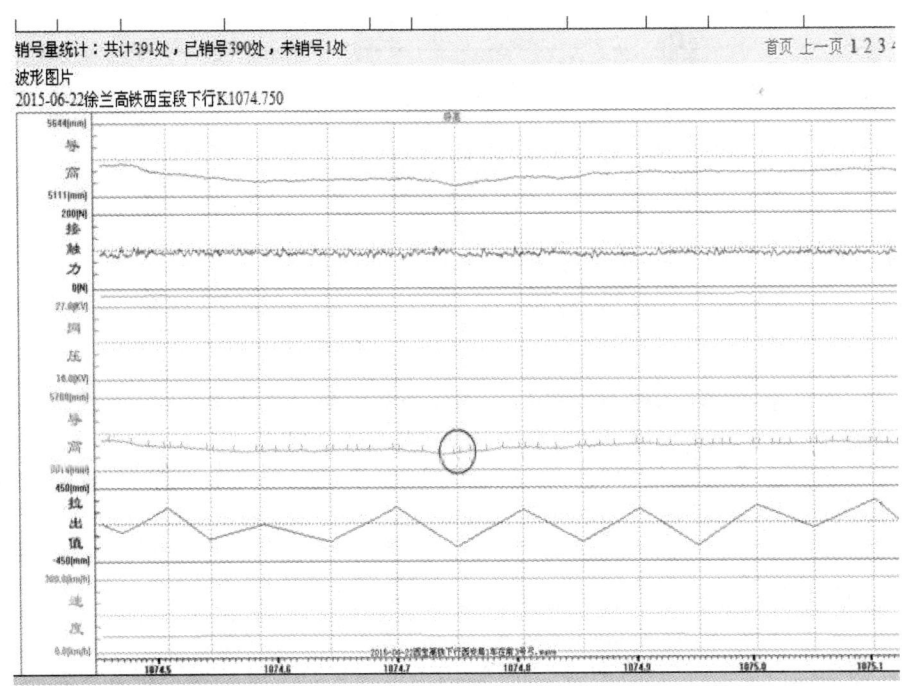

图 5-2　案例图 2

第二节　2C 装置影像分析及练习

一、装置组成

2C 装置主要由高清成像模块和图像处理分析模块组成。

二、数据分析

1. 重点监测分析

巡检检测结束后，分析人员及时对重点监测任务要求确定分析项目，季节性、关键性问题分析时限为 1 日，具体标准如表 5-1 所示。

表 5-1　季节性、关键性问题分析表

分析项点	完成时限	项目	问题点
季节性、关键性问题	1 日	设备外部运行环境	确认支柱、拉线基础及周边是否稳固，设备上方隧道、跨线桥等有无异物脱落或掉物隐患；附近有无危及供电安全的作业、施工
			设备及周边有无危及供电安全的异物搭挂、危树（草藤）、鸟巢、结冰及水害隐患等现象
		有无明显松、脱、断、缺等其他异常情况	监测范围内接触网单项设备、主要零部件等是否存在明显松脱断缺情况
		登车巡检中发现的重点问题	核对巡检影像，分析成因

2. 全面分析

在季节性、关键性问题分析标准基础上 3 日内对以下项目进行分析：
（1）各类线索有无明显断股、卡滞等现象。
（2）供电设备号牌、标识等有无缺失、错误。
（3）绝缘部件有无明显残损等现象。
（4）接触悬挂、定位支撑装置、附加悬挂、其他单项设备连接固定是否存在其他明显缺陷问题等。
（5）受气温变化各类线索张力、裕度、ab 值变化情况。
（6）核对登车巡检所发现的一般问题影像，分析成因。

3. 分析过程

（1）利用 2C 分析图像信息管理软件读取监测区段数据文件，按照图像检索、图像播放、图像处理、图像提取、统计分析流程检索分析图像。

（2）分析人员在分析 2C 影像时，对发现的问题和隐患要及时在图片上"画框"标注并保存好。对疑似隐患应通过多张照片比对、调用历史 2C/4C 或其他影像资料比对等方法，确认缺陷问题，避免误判。

三、数据分析处理流程

（1）检测车间按照检测计划进行检测→检测工区接到检测数据后进行分析，将缺陷录入数据中心→检测车间审核→技术主管部门签发缺陷通知单→一级缺陷由供电车间组织运行工区处理，二级缺陷由维修车间组织维修工区处理→供电车间、运行工区对二级缺陷处理情况检查验收→运行工区将缺陷处理结果录入数据中心→供电车间确认销号。

（2）对危及行车安全的缺陷的处理：检测车间在检测过程中遇有危及行车安全的缺陷，及时将安全信息反馈给段调度→段调度按应急处置流程办理→运行工区及时组织处理，缺陷处理结果录入数据中心→供电车间确认销号。

四、运用案例（见图5-3～图5-6）

图5-3　2016年3月3日检测襄渝线（襄樊—重庆）发现神峪河车站4#柱鸟窝

图5-4　2017年2月10日检测西康线（西安—安康）发现营镇车站97#支柱导线硬弯

图5-5　检测侯西线（侯马—西安）陈庄至蒲石区间发现143#支柱回流线上异物

图 5-6 2017 年 4 月 16 日检测郑西（郑州—西安）高铁华山北至渭南北发现 1845#柱吊弦导流环断开

第三节 3C 装置影像分析及练习

一、装置组成

3C 装置主要由测量模块、数据处理模块、数据传输模块和分析终端等组成。

二、数据分析

1. 一级缺陷

能明确缺陷原因，且需要及时处理的严重缺陷定义为一级缺陷。以下情况属一级缺陷：

（1）运行降弓、疑似打弓、几何参数超限，没有按照高铁检修规程执行，水平间距（锚段内间距）>500 mm。

（2）接触网的断、脱、裂、线严重松弛，异物等缺陷。

如：吊弦脱落、吊弦断、吊弦断股、疑似吊弦导流环异常、疑似吊弦尼龙套缺失、承力索断股、疑似绝缘器零部件变形及缺失、疑似受电弓上异物、疑似接触线上异物、鸟窝侵入、树枝侵入、所有与线相关的严重松弛等。

2. 燃弧类检测数据

（1）温度≥100 °C，燃弧强度≥5 000 像素，燃弧形状呈散列状，燃弧个数≥5。

（2）温度≥100 °C，燃弧强度≥7 000 像素，燃弧形状呈散列状，燃弧个数<5。

（3）温度≥100 °C，燃弧强度≥10 000 像素，燃弧形状呈圆形。

如：疑似绝缘器燃弧（由于消弧缺失引起的）、受电弓磨损（磨损超限）、高速运行情况下检测出的硬点、接触线硬弯、接触线波浪弯等。

3. 二级缺陷

将能定位缺陷现象但需要现场确认再处理的隐患缺陷定义为二级缺陷。以下情况属二级缺陷：

（1）高铁检修规程规定的几何参数超限。

（2）安装不规范、线轻微松弛、杆号牌脱落。

如：疑似定位管支撑异常、承力索保护层破损、疑似防风拉线缺失、疑似定位器载流环松脱、跳线脱落、安装不规范等。

4. 燃弧类缺陷

燃弧类缺陷一般有火花的燃弧、线轻微松弛、受电弓磨损（轻微）、温度≥150 ℃ 的发热等缺陷。

（1）温度≥100 ℃，燃弧强度<5 000 像素，燃弧形状呈散列状，燃弧个数<5 个。

（2）温度≥100 ℃，燃弧强度<10 000 像素，燃弧形状呈圆形。类型如下所示：

① 弓网缺陷：非高速运行情况下检测出的硬点，如：疑似跨中接触线燃弧（由于接触线硬点、接触线不平滑引起的），疑似绝缘器燃弧（分断绝缘器不平滑）；线夹前后接触线不平滑类燃弧，如：疑似定位线夹燃弧、疑似电连接线线夹燃弧、疑似中锚线夹燃弧、疑似吊弦线夹燃弧、疑似线夹燃弧。

② 接触网缺陷：疑似电连接线散股、疑似吊弦松弛、疑似多锚段内吊弦松弛、疑似中锚线松弛、疑似中锚辅助线松弛、疑似接触线异常（接触线毛刺）、温度≥150 ℃ 的发热（疑似电连接线发热、疑似吊弦发热、疑似回流线发热、疑似接触线发热、疑似绝缘子发热、疑似线夹发热）。

③ 受电弓缺陷：疑似受电弓异常、疑似受电弓磨损（轻微）、温度≥150 ℃ 的发热（如：疑似软连接线发热、疑似受电弓发热）。

5. 三级状态

将需要持续观察的检测数据定义为三级异常状态。包括：

（1）温度<150 ℃ 的发热类缺陷，如：疑似电连接线发热、疑似吊弦发热、疑似回流线发热、疑似接触线发热、疑似绝缘子发热、疑似线夹发热、疑似软连接线发热、疑似受电弓发热等。

（2）无火花的燃弧。

三、数据分析处理流程

（1）检测车间定期转储数据→检测工区接到检测数据后进行分析，将缺陷录入数据中心→检测车间审核→技术主管部门签发缺陷通知单→一级缺陷由供电车间组织运行工区处理，二级缺陷由维修车间组织维修工区处理→供电车间、运行工区对二级缺陷处理情况检查验收→运行工区将缺陷处理结果录入数据中心→供电车间确认销号。

（2）对危及行车安全的缺陷的处理：检测车间在检测过程中遇有危及行车安全的缺陷，及时将安全信息反馈给段调度→段调度按应急处置流程办理→运行工区及时组织处理，缺陷处理结果录入数据中心→供电车间确认销号。

四、运用案例（见表 5-2）

表 5-2 拉出值超限

管辖供电段	中国铁路西安局集团有限公司		
位置信息	距离华山北站约 1.76 km		
车辆编号	CRH380B-3767	车辆配属	西安车辆段
检测日期	2017-12-25	检测时间	12:50:15
级别	一级	报警类型	拉出值超限
车速/(km/h)	74	受电弓位置	2 车
拉出值/mm	－512	导高值/mm	5 347
缺陷温度/℃	11	环境温度/℃	10
图像分析			
1. 红外图像		2. 可见光图像	
导高值曲线		拉出值曲线	
速度曲线			

续表

（以上信息由分析系统生成）
3. 缺陷分析
拉出值超限
可见光图像

全景图像

地图图像
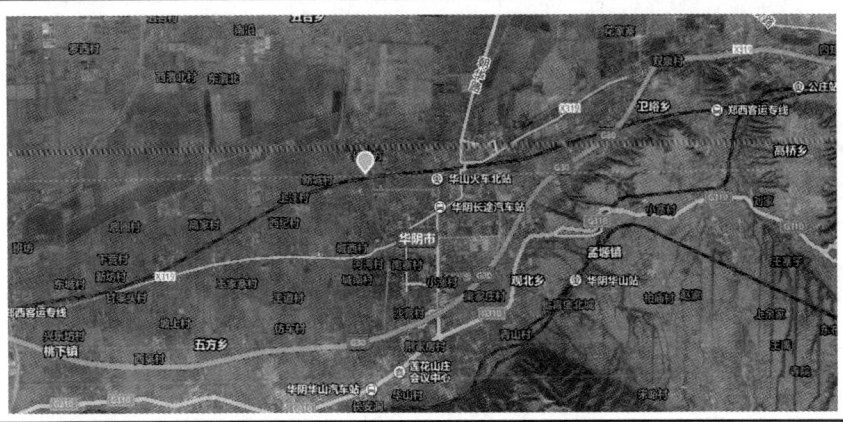

第四节 4C 装置影像分析及练习

一、装置组成

4C 装置主要由多组高清摄像机、线阵相机、图像采集、分析处理设备组成。

二、检测监测项目

1. 检测项目

（1）接触线高度。
（2）定位点拉出值。
（3）接触线在一个跨距内的高差。
（4）锚段关节、线岔处双支接触线的高差及水平距离。

2. 监测项目

（1）接触网支撑装置、定位装置及接触悬挂整体状态，各零部件的安装及连接有无松动、断裂、脱落、变形、损伤、缺失等。
（2）接触网承力索、接触线、电连接线及各类附加线索有无烧伤、断股、散股、卡滞、互磨等。
（3）接触网支柱及支柱上安装的各类角钢、肩架有无松动、变形、破损等。
（4）接触网线岔、锚段关节及下锚装置有无卡滞、互磨等。
（5）接触网各类绝缘部件有无破损、闪络放电痕迹等。
（6）接触网周边可视范围内外部环境是否满足接触网安全运行。

三、检测分析

（1）季节性、关键性问题分析（即时分析）：对危及行车的缺陷立即通知段调度。
（2）全面分析：由运行工区 20 日内完成，形成整改通知书报供电车间审核。
（3）按照接触悬挂、定位支撑、附加悬挂等不同部位，明确每个分析单元的分析重点。
① 高铁检测数据分析：使用软件人工分析，按照设备结构的支撑装置、附件悬挂、吊柱、接触悬挂照片逐张分析，对照分析项目认真查看各部连接状态，发现隐患放大确认，必要时可以点击软件"查看原图"按钮，使用其他看图软件对画面参数进行调整辨认，力求准确辨明缺陷。
② 普速检测数据分析：利用分析软件加载数据库文件后，对全景、定位点、接触悬挂、附加悬挂照片对照分析项目逐帧查看，要使用软件自带的"放大镜"功能认真查找隐患，避免遗漏。

四、数据分析处理流程

1. 高铁线路检测

供电处高铁科下发检测电报→供电段信息调度室组织检测车间检测，检测车间分发检测数据给检测工区和运行工区→检测工区对季节性、关键性问题进行分析，录入数据中心，运行工区对检测数据进行全面分析，缺陷录入 6C 数据中心→检测车间对检测、运行工区分析的缺陷进行确认→技术主管部门签发缺陷通知单→一级缺陷由供电车间组织运行工区处理，二级缺陷由维修车间组织维修工区处理，供电车间、运行工区对二级缺陷处理情况检查验收→运行工区将缺陷处理结果录入数据中心→供电车间确认销号。

2. 普速线路检测

铁路局集团公司下发检测电报→供电检测所组织检测→供电段添乘人员拷贝数据→检测车间分发检测数据给检测工区和运行工区→检测工区对季节性、关键性问题进行分析，录入数据中心，运行工区对检测数据进行全面分析，缺陷录入 6C 数据中心→检测车间对检测工区、运行工区录入的缺陷进行确认审核→技术主管部门签发缺陷通知单→一级缺陷由供电车间组织运行工区处理，二级缺陷由维修车间组织维修工区处理，供电车间、运行工区对二级缺陷处理情况检查验收→运行工区将缺陷处理结果录入数据中心→供电车间确认销号。

3. 对危及行车安全的缺陷的处理

检测过程中遇有危及行车安全的缺陷，检测、添乘人员及时将信息反馈给相关供电段调度→段调度按应急处置流程办理→运行工区将缺陷处理结果录入数据中心→供电车间确认销号。

五、运用案例（见图 5-7 ~ 图 5-11）

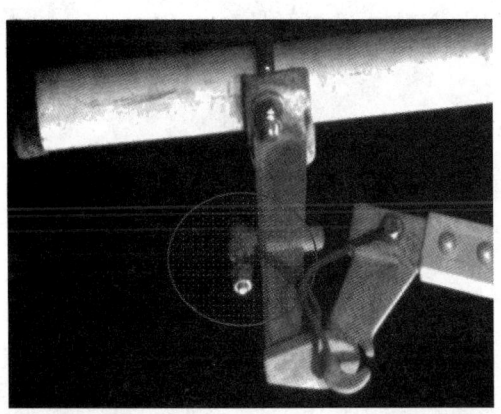

图 5-7　2017 年 10 月 23 日检测郑西高铁临潼东，发现 134#柱柱定位器电气连接线螺栓松

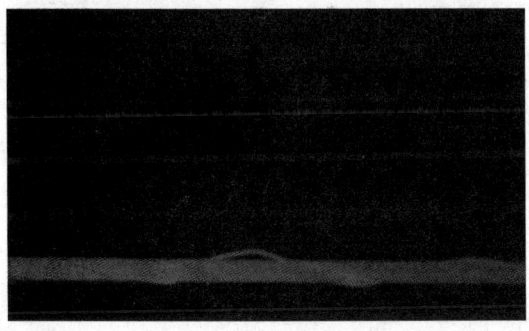

图 5-8　2016 年 9 月 23 日检测郑西高铁临潼东至西安北，发现 1023 ~ 1025#跨中承力索断股

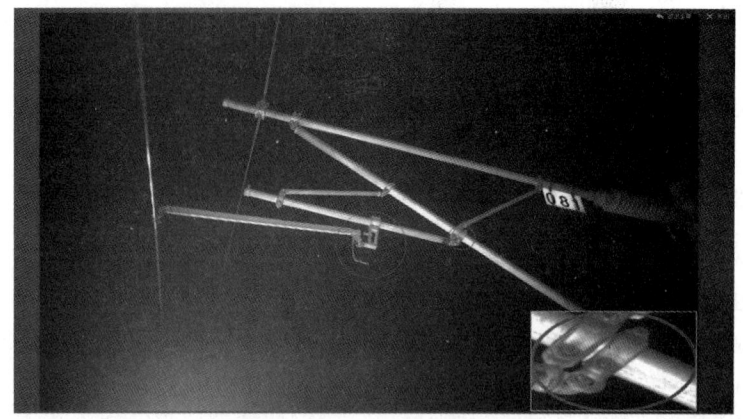

图 5-9　2017 年 4 月 10 日检测包西线延安至甘泉北，发现 81#柱定位环受力面装反、定位器电气连接线脱落

图 5-10　2017 年 1 月 23 日检测陇海线咸阳—咸阳西区间，发现 12#柱下锚补偿器滑轮破损

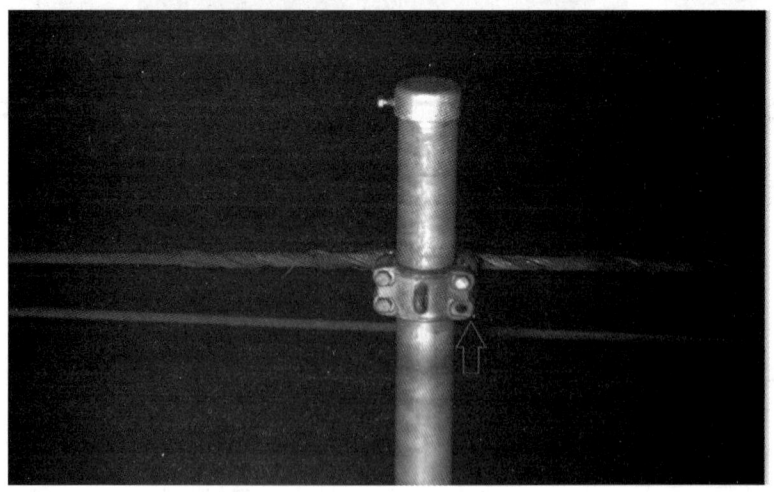

图 5-11　2017 年 10 月 23 日检测包西线曹家伙场，发现 024#柱承力索座缺少一根螺栓

第五节 5C 装置影像分析及练习

一、装置组成

5C 装置主要由高清图像采集系统、车号图像识别系统、图片传输系统、图片浏览系统、图片储存系统、远程传输通道和远程控制终端组成，相关设备如图 5-12～图 5-14 所示。

图 5-12 空调机柜（存放系统控制机、图片采集&传输&识别储存等设备）

图 5-13 高清图像采集模块

图 5-14　车号采集模块&雷达测速模块

二、功能特点

（1）采用图像识别方式定位受电弓，取代传统物理感应方式定位受电弓，能够迅速准确定位到受电弓。

（2）通过线阵相机采集图像，大幅提高图像分辨率，并能根据识别结果提供完整的受电弓区域对比识别效果的图片，故障识别率超过 99%。

（3）智能接车功能，自动区分动车和普通轨道作业车，根据车辆进行选择性接车和故障识别。

三、数据分析

（1）首先将监测数据与列车运行图运行车次进行核对，统计监测有无遗漏数据。

（2）检测分析员进入 6C 数据中心的 5C 检测模块，点击监测数据管理—受电弓滑板监测—查询监测数据管理—选择线路站点—确定查询日期—查看车次照片。

（3）打开车号照片记录车号，确定是单机还是重联机车运行，点击受电弓监测照片，转动鼠标滑轮将照片放大，依照评判标准辨别受电弓及碳滑板状态、查看车顶外部环境，确定缺陷等级。

(4) 即时分析:

① 收到 5C 装置的报警信息或弓网异常信息时，检测分析员要全面掌握异常信息内容，立即查询车号、车次和行走路线，调阅相应径路的 5C 装置监测数据，通过监测照片查看受电弓状态，分辨受电弓弓头零部件状态、滑板技术状态、车顶环境、受电弓受损程度，确定缺陷等级，分析出现报警信息和弓网异常信息的原因，及时向段调度反馈相关信息。

② 通过远程现场计算机，调阅更多监测照片数据，结合掌握的异常信息，进行综合分析判断，协助确定弓网状态异常区段，指导异常信息排查。

③ 检测分析员继续做好监测报警装置点和异常信息发生区段后续 5C 监测数据的分析监控，观察有无同类异常信息出现，直到报警信息和弓网异常信息排除，方可结束即时分析。

(5) 全面分析:

① 检测分析员调用 5C 系统统计分析时段内的监测数据信息，与列车运行图统计车次对比，查看照片有无漏拍、抓拍不准、照片不全、照片不清的现象。

② 检测分析员依照作业流程，对管内每处 5C 监测装置安装点的 5C 监测数据进行逐条全面分析，可通过图片放大、查看车顶环境的方法，依照分析标准仔细分辨，确定一般缺陷、严重缺陷等级。

③ 检测分析员发现一般缺陷时应立即汇报至检测车间，同时要对前期 5C 监测数据进行回放查找，进行综合分析判断，确定设备隐患区段，并将受电弓缺陷数据影像资料下载保存。

四、数据分析处理流程

1. 数据分析

检测工区分 3 个时段（每天早 8 时至午 12 时、午 12 时至晚 18 时、晚 18 点至次日早 8 时）对 5C 监测数据进行分析，缺陷录入数据中心→检测车间缺陷审核→供电段调度通知相关机务段、动车段对受电弓滑板进行检查；通知供电车间巡视检查设备，收集、掌握受电弓检查信息，同时对接触网存在的缺陷进行处理→运行工区将缺陷处理结果录入数据中心→供电车间确认销号。

2. 预警、打碰弓信息处理

检测工区即时对 5C 装置预警、打碰弓信息进行分析并通知段调度、技术主管部门→段调度、技术主管部门按照应急处理流程办理→检测车间、检测工区利用 2C 进行检测、巡视检查，供电车间、运行工区步行巡视、停电检查，供电段调度、供电车间通知相关机务段、动车段设备检测情况→段技术主管部门综合分析判断、处理→运行工区处理设备缺陷，处理结果录入数据中心→供电车间确认销号。

3. 对危及行车安全的缺陷的处理

检测过程中遇有危及行车安全的缺陷，检测、添乘人员及时将信息反馈给相关供电段调度→段调度按应急处置流程办理→运行工区将缺陷处理结果录入数据中心→供电车间确认销号。

五、运用案例

5C 装置在西安北动车段采集到图片如图 5-15 所示。

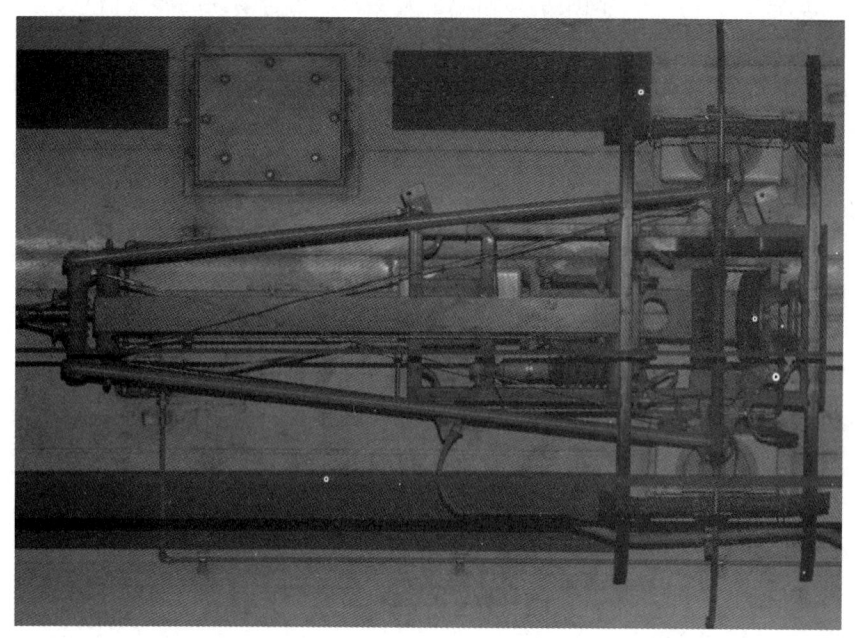

图 5-15 受电弓全局图片

受电弓故障识别图片如图 5-16 和图 5-17 所示。

图 5-16 碳滑板磨耗识别

图 5-17 螺丝松动

第六节 6C 装置影像分析及练习

一、装置组成

6C 装置主要包括测量传感器、数据采集处理设备、数据传输设备、数据接收及存储设备、电源设备等。

二、数据分析

（1）即时分析：装置出现报警信息时，检测工区立即安排专人调阅 6C 装置监测数据，查询监测系统监测该处得到的绝缘子的温度、湿度、有效值波形图，确定报警值的类型及参数，报段调度按应急程序处置。

波形图由 3 个图形组成：绿色曲线为"有效值"波形，黑色曲线为"湿度"波形，黄色曲线为"温度"波形。红色直线为预警值，蓝色曲线为预警值，绿色曲线为标准值。

（2）全面分析：检测工区安排专人每天按 3 个时段（早 8 点至午 12 点、午 12 点至晚 18 点、晚 18 点至次日早 8 点）对管内 6C 装置监测数据进行分析，填写《绝缘子监测（6C）分析记录》。

三、数据分析处理流程

（1）检测工区负责 6C 报警信息、全面数据分析，分析缺陷录入数据中心→检测车间审核缺陷→技术主管部门签发缺陷通知单→一级缺陷由供电车间组织运行工区处理，二级缺陷由维修车间组织维修工区处理，供电车间、运行工区对二级缺陷处理情况检查验收→运行工区将缺陷处理结果录入数据中心→供电车间确认销号。

（2）对危及行车安全的缺陷的处理：检测工区分析过程中发现有危及行车安全的缺陷，及时将安全信息反馈给段调度→段调度按应急处置流程办理→运行工区及时组织处理，缺陷处理结果录入数据中心→供电车间确认销号。

四、运用案例

目前各铁路局集团公司正在深入研究探讨 6C 装置，确定项目，已投入使用的设备有绝缘子污秽在线监测装置、关键设备在线监测装置等，还没有设备故障设备资料可查。

参考文献

[1] 于万聚. 高速铁路电气化铁道接触网. 成都：西南交通大学出版社，2003.
[2] 中国铁路总公司. 高速弓网综合检测装置（1C）运用管理指导意见. 北京：2014.
[3] 中国铁路总公司. 接触网安全巡检装置（2C）运用管理指导意见. 北京：2014.
[4] 中国铁路总公司. 动车组车载接触网运行状态检测装置(3C)运用管理指导意见. 北京：2016.
[5] 中国铁路总公司. 动车组车载接触网运行状态检测装置（3C）地面数据接收、分析终端技术规格书. 北京：2016.
[6] 中国铁路总公司. 接触网悬挂状态检测监测装置（4C）运用管理指导意见. 北京：2014.
[7] 中国铁路总公司. 受电弓滑板监测装置（5C）运用管理指导意见. 北京：2016.
[8] 中国铁路总公司. 受电弓滑板监测装置（5C）实施指导意见. 北京：2015.
[9] 中国铁路总公司. 接触网绝缘子在线监测装置暂行技术条件. 北京：2017.
[10] 中国铁路总公司. 接触网张力补偿装置在线监测装置暂行技术条件. 北京：2017.
[11] 中国铁路总公司. 接触网定位振动特性监测装置暂行技术条件. 北京：2017.
[12] 中国铁路总公司. 27.5 kV 电缆绝缘状态在线监测装置暂行技术条件. 北京：2017.
[13] 中国铁路总公司. 接触网电连接线夹在线监测装置暂行技术条件. 北京：2017.
[14] 中国铁路总公司. 接触网设备视频监控装置暂行技术条件. 北京：2017.